Globus 2

Reisen in Europa

Walter F. Schmid

Oldenbourg Schulbuchverlag München

Quellennachweis:
Abb. S. 46 aus Poster „Baderegeln", Barmer Ersatzkasse
(das Poster ist in allen Barmer Geschäftsstellen kostenlos
erhältlich).

Die Deutsche Bibliothek – CIP-Einheitsaufnahme

Schmid, Walter F.:
Reisen in Europa / Walter F. Schmid. – 1. Aufl. –
München: Oldenbourg-Schulbuchverl., 1999
   (Globus; 2)
   ISBN 3-486-86812-8

1. Auflage 1999 R E
Druck   03   02   01   00   99

Die letzte Zahl bezeichnet das Jahr des Drucks.

Umschlagkonzept: Mendell & Oberer, München
Umschlag: Heinz Kraxenberger, München
Lektorat: Daniela Brunner, Manfred Rank, Brigitte Stuiber
Herstellung: Almut Richter, Christa Schauer
Illustration: Bettina Buresch, München
Grafik: Eduard Wienerl, München
Satz und Reproduktionen: DTP-Studio B. Schmidt, München
Druck und Bindung: Greipel Offset, Haag/Obb.

ISBN 3-486-**86812**-8

Inhaltsverzeichnis

 = für Freiarbeit geeignet

 = für fächerübergreifenden Unterricht geeignet

Vorbemerkung

Globus bietet Ihnen Ideen, Tipps und Kopiervorlagen, damit Sie Ihren Unterricht noch abwechslungsreicher und interessanter gestalten können.

Globus betont das von vielen Seiten geforderte vernetzte Denken und Arbeiten. Die zahlreichen Tipps und Anregungen unterstützen und erleichtern einen modernen, handlungsorientierten Unterricht. Außerdem entlastet *Globus* Sie durch ein umfangreiches Angebot an Kopiervorlagen bei Ihrer Unterrichtsvorbereitung.

Die einzelnen Hefte dieser Reihe sind thematisch oder methodisch ausgerichtet. Die jeweiligen Inhalte sind in den Lehrplänen, Rahmenrichtlinien oder Bildungsplänen der einzelnen Bundesländer verankert und finden sich dort als zentrale Themen wieder. Die Reihe ist so konzipiert, dass sie unabhängig von bestimmten Schulbüchern und in allen Schularten verwendbar ist. Mithilfe von *Globus* sind sowohl Einzel- als auch Partner- und Gruppenarbeit möglich.

Globus ist unterrichtlich vielseitig einsetzbar:
- in der Projektarbeit,
- in der Freiarbeit,
- im fächerverbindenden oder -vernetzten Unterricht,
- und nicht zuletzt auch im Schulalltag.

Das Thema „Reisen"

In unserer Gesellschaft hat das Reisen in allen Teilen der Bevölkerung einen sehr hohen Stellenwert, der trotz der angespannten wirtschaftlichen Lage in den nächsten Jahren sicherlich noch zunehmen wird, wenn auch nicht mehr in der Größenordnung der vergangenen Jahre. 1996 haben die deutschen Touristen allein für Auslandsreisen rund 71 Milliarden DM ausgegeben. Die Deutschen sind nach wie vor eine der reisefreudigsten Nationen der Welt.

„Die Verfügbarkeit über freie Zeit und zahlreiche Möglichkeiten der Freizeitgestaltung, der Erholung und des Reisens bestimmen nachhaltig das Lebensgefühl von Erwachsenen und jungen Menschen."[1] Reisen dient der Entspannung und Unterhaltung aber auch der Bildung und Erweiterung der Lebenserfahrung. Vor diesem Hintergrund ist es wichtig, dass die Schülerinnen und Schüler mit den Grundlagen der Urlaubs- und Reiseplanung vertraut gemacht werden. Hierzu gehören die Aspekte „Reisevorbereitung" und „Reisedurchführung". Dabei sollen die Schülerinnen und Schüler lernen, dass neben ihren persönlichen Interessen auch die Bedürfnisse der einheimischen Bevölkerung (des bereisten Landes) und der Natur berücksichtigt werden sollten. Dadurch können Interesse und Offenheit für fremde Menschen und Kulturen geweckt und gefördert werden.

Hinzu kommt, daß viele Schülerinnen und Schüler schon in dem einen oder anderen Urlaubsland in Europa unterwegs waren oder Kenntnisse darüber haben. Daher bietet es sich an, anknüpfend an diesen Erfahrungen, ihnen verschiedene vertiefende geografische, aber auch kulturell-historische Inhalte über die Länder Europas zu vermitteln.

Zum Themenheft „Reisen in Europa"

Das Thema „Reisen" wird in diesem Heft an konkreten Beispielen umgesetzt, da es sich in seinen einzelnen Kapiteln inhaltlich am Ablauf einer Reisevorbereitung und Reisedurchführung anlehnt. Dabei ergeben sich häufig Anknüpfungspunkte für rein geografische Fragestellungen (z. B. wird über die Vermittlung der Klimazonen ersichtlich, wann es günstig ist, in eine bestimmte Stadt oder Region zu reisen). Damit erfahren die Schülerinnen und Schüler, wie sie ihr geografisches Wissen auch im Alltag umsetzen können.

Dieses Globusheft ist in sechs Hauptkapitel gegliedert. Neben Kopiervorlagen für eine Einführung in das Thema im ersten Kapitel „Wir wollen in die Ferien fahren", beinhalten die weiteren Kapitel Kopiervorlagen zu folgenden Schwerpunkten:
- Reiseziele,
- Reiseplanung – Reisevorbereitung, Auswahl des Verkehrsmittels und Vergleich verschiedener Reisewege,
- Ferienregionen – Städtereisen in Europa,
- Am Ferienort,
- Probleme mit dem Tourismus.

Das Heft wird mit einem Anhang aus vielfältigen Materialien abgerundet, die teilweise zur Ergänzung von einigen Kopiervorlagen vorgesehen sind. Mit ihnen lassen sich aber auch eigene Ideen zu dem Thema umsetzen. Damit ist dieses Heft sehr variabel zur Bearbeitung des Themas „Reisen", zur Einführung in geografische Sachverhalte europäischer Länder, aber auch zur Vorbereitung einer Klassenfahrt einsetzbar.

---

[1] Lehrplan NRW Erdkunde Realschule 1993, S. 66.

4

Fächerverknüpfung

Folgende Fächerverknüpfungen werden in diesem Heft angesprochen:

Deutsch:
Auswertung von Informationen, Vergleich, Neuformulierung; Beschaffen von Informationen

Kunsterziehung/Bildende Kunst:
Gestaltung von Collagen, Plakaten, Beschäftigung mit kunstgeschichtlichen Aspekten

Geschichte:
Geschichte von Gebäuden, Entwicklung bestimmter Regionen in Europa

Mathematik:
Entfernungen berechnen, Rechenaufgaben lösen, Tabellen anfertigen

Wir wollen in die Ferien fahren

Die Schülerinnen und Schüler sollen anhand der Kopiervorlagen auf das Thema „Reisen" und „Urlaub" eingestimmt werden. Dabei stehen zunächst zwei Fragen ganz allgemeiner Art im Vordergrund:
• Warum fahren wir in die Ferien?
• Wo haben wir bereits einmal die Ferien verbracht?
Mithilfe dieser Fragen sollen die Schülerinnen und Schüler dafür sensibilisiert werden, sich erste Gedanken zum Thema „Reisen" zu machen. Wichtig ist es bei diesem Thema auch, eigene Erfahrungen der Schülerinnen und Schüler - die mit Sicherheit vorhanden sind - einfließen zu lassen. An diesen Erfahrungsschatz kann und soll dann im weiteren Verlauf des Unterrichts angeknüpft werden.

> **Tipp**
> Eine ganz einfache Möglichkeit, um an die Erfahrungen der Schülerinnen und Schüler anknüpfen zu können, besteht darin, sie auf ein Blatt Papier ihre schönste, beste, interessanteste usw. Urlaubserfahrung in zeichnerischer Form umsetzen zu lassen. Dies hat sich vor allem in den unteren Jahrgangsstufen bewährt. Dabei sollte aber jede Schülerin und jeder Schüler in der Lage sein, sich zu „seinem" Bild zu äußern und den Inhalt des Bildes zu erklären (Fächerverbindung zu Deutsch!).
> Anschließend werden dann entweder alle oder einige ausgewählte Beispiele, die sich als besonders typisch oder als besonders gelungen herausstellen, gemeinsam in der Klasse besprochen. Eventuell können die angefertigten Zeichnungen sogar in einer Ausstellung ausgestellt werden.

Warum wir in die Ferien fahren

In der Bildergeschichte werden unterschiedliche Ansichten über Urlaub geäußert und die Schülerinnen und Schüler dazu angeregt, sich mit ihnen auseinanderzusetzen. Außerdem sollen sie auch sich selbst hinterfragen, welche Ferienwünsche sie haben, was ihre Erwartungen an Ferien oder Urlaub sind und wie sie selbst ihre Urlaubsplanung gestalten würden.
Die Lösung der Kopiervorlage erfolgt dann individuell.

> **Tipp**
> Über die Kopiervorlage hinausgehend ist es sinnvoll, die Ergebnisse in der Klasse gemeinsam zu besprechen oder die einzelnen Punkte an der Tafel oder in Plakatform zusammenzutragen, die der/dem Einzelnen am Urlaub wichtig sind. Dabei zeichnen sich unter Umständen schon verschiedene „Urlaubstypen" ab, bei denen unterschiedliche Vorstellungen von der Durchführung eines Urlaubes deutlich werden.

Wir gestalten einen Europapass

Anhand der Bastelvorlage „Europapass" wird aufgearbeitet, welche Orte die/der einzelne Schülerin und Schüler schon bereist und welche Länder Europas sie/er dabei kennengelernt hat.
Als Zusatzmaterial für die Gestaltung der Vorder- und Rückseite sollte die Fahnenvorlage von Seite 61 aus dem Anhang zur Verfügung gestellt werden und/oder eine entsprechende Seite aus dem Atlas/Schulbuch.

> **Tipp**
> An die Kopiervorlage anknüpfend können erste Erfahrungen über die einzelnen Länder Europas in der Klasse ausgetauscht und/oder Urlaubsberichte erstellt werden.
> Auch hier besteht die Möglichkeit, dies in Form eines Plakates oder einer Ausstellung umzusetzen.

Warum wir in die Ferien fahren

Name:	Klasse:	Datum:

„Der Urlaub ist echt langweilig.
Die Eltern liegen nur am Strand herum
oder wollen Sehenswürdigkeiten anschauen.
Jetzt, wo eine neue Serie im Fernsehen startet.
Aber hier ist alles spanisch, sogar das Fernsehen.
Mal was ganz anderes kennen lernen,
hat Mama gesagt. Dabei ist hier alles wie bei uns
im Schwimmbad, nur voller."

„Herrlich, ein Fleckchen zum Wohlfühlen:
Sonne, Sand, Meer. Und kein Gedanke an Arbeit …
Habe ich eigentlich die Zeitung abbestellt?
Und die gute Luft! Da muss man tief durchatmen!
Was riecht denn da nach Badeöl? Felix, nicht das
Badeöl auf das Handtuch gießen. Das Kind fühlt
sich richtig wohl und die Ruhe hier, himmlisch.
So etwas! Felix, komm sofort wieder her!
Wehe, du gehst weg!"

① Welche Ferienwünsche werden jeweils von dem Mädchen und dem Erwachsenen angesprochen?

_____

_____

_____

② Welche Alltagsdinge bewegen sie trotz der Ferien?

_____

_____

_____

③ Vergleiche deine Vorstellungen vom Urlaub mit denen des Erwachsenen und des Mädchens! Was ist dir wichtig? Stelle eine eigene Liste mit Ferienwünschen zusammen!

_____

_____

_____

Globus 2 © 1999 Oldenbourg Schulbuchverlag

Wir gestalten einen Europapass

① Schneide zunächst die Vorlage für den Pass aus. Gestalte dann deinen persönlichen Europapass! Trage als erstes die gefragten Daten und Informationen ein!

② Male in der Europakarte die Fläche von Deutschland aus und mit anderen Farben alle Länder, die du schon besucht hast! Trage dann die wichtigsten Orte ein, die du in Europa oder Deutschland bereist hast!

③ Nachdem du den Pass mit der gestalteten Seite nach innen gefaltet hast, kannst du auf die noch leere Vorderseite des Passes die Europafahne malen und auf die Rückseite die Flaggen verschiedener Länder!

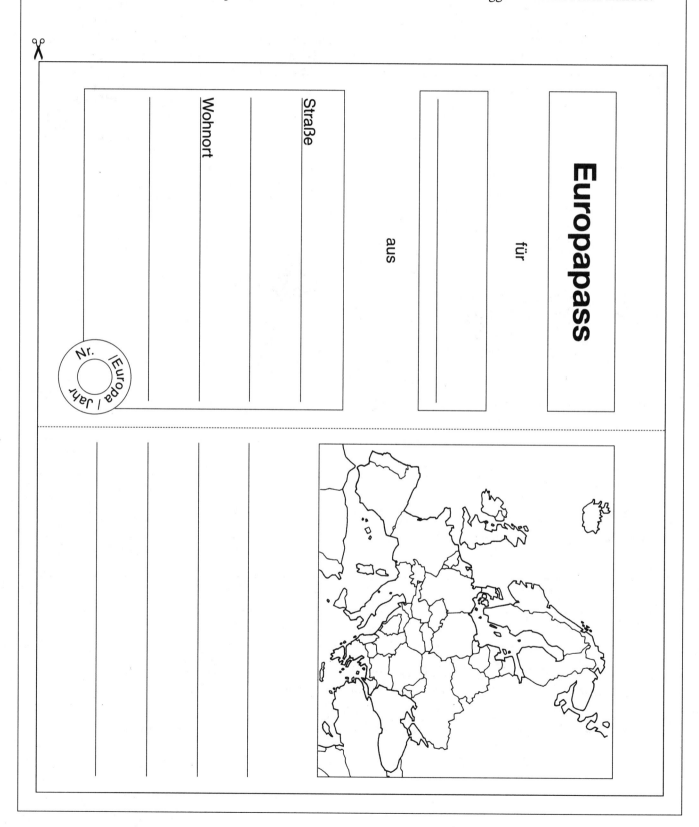

Reiseziele

Die folgenden Kopiervorlagen regen zu einer Beschäftigung mit dem Thema „Reiseziele" unter unterschiedlichen Gesichtspunkten an.

Schwerpunktmäßig sollen hier zwei Aspekte im Vordergrund stehen:

- Die Erarbeitung eines topografischen Grobrasters von Europa, insbesondere in Bezug auf Klima- und Urlaubsregionen.
- Welche unterschiedlichen Formen von Reisen und Reisezielen bieten sich für einen Urlaub an?

Hierbei geht es aber noch nicht um die Erschließung und Erarbeitung bestimmter Urlaubsregionen in Europa. Die Schülerinnen und Schüler sollen vielmehr erkennen, welche Regionen Europas für welche Art von Urlaub geeignet sind. Dabei werden aber schon bestimmte Merkmale einzelner Regionen (z. B. Klimaregionen aber auch mit bestimmten Orten verbundene Klischeevorstellungen!) vorgestellt.

Skifahren im Wattenmeer?

Die Schülerinnen und Schüler werden dazu aufgefordert, die Plakatüberschriften durch Ausschneiden und Aufkleben den richtigen Bildern zuzuordnen. Um diese Arbeit für die Schülerinnen und Schüler zu erleichtern, sollten ihnen jeweils zwei Kopien der Vorlage zur Verfügung gestellt werden.

Bei dieser Arbeit werden die Schülerinnen und Schüler mit den plakativen Vorzügen typischer Reiseziele konfrontiert. Dabei sollte unter anderem auch auf die Klischeevorstellungen eingegangen werden, die mit bestimmten Orten oder Regionen verbunden sind. Daran kann sich die Frage nach den Ursachen und Gründen für diese Klischees anknüpfen und im weiteren Unterrichtsgespräch der Wahrheitsgehalt dieser Klischees überprüft werden.

Anhand der Arbeitsergebnisse kann auch die Vermarktung von touristisch erschlossenen Orten oder Regionen in Europa thematisiert werden.

Die richtige Lösung lautet (von oben links nach rechts unten):

- Ruhe und Erholung im Schwarzwald
- Das Ungeheuer von Loch Ness in Schottland
- Tulpenblüte in Holland
- Badespaß auf der spanischen Insel Mallorca
- Kreuzfahrt nach Griechenland
- Besuch des Disneylands in Paris
- Mit den Gondeln fahren in Venedig
- Stierkampf in Spanien

> **Tipp**
>
> Als weitere Beispiele können z. B. Katalog- oder Prospektangebote besprochen oder alternative Reiseangebote gesucht werden. Es lassen sich von den Schülerinnen und Schülern bestimmt weitere Beispiele von Orten und Regionen finden, die mit konkreten Klischees oder typischen, markanten Erkennungsmerkmalen versehen sind.
>
> Anhand von bestimmten, selbst gewählten Beispielen können die Schülerinnen und Schüler auch selbst Plakate entwerfen und gestalten. Hier sind der Kreativität und dem Erfindungsreichtum keine Grenzen gesetzt. Ohne größeren Aufwand können dann auch selbst ähnliche Plakate wie auf Seite 11 gestaltet werden.

Ferien zum Träumen (1 und 2)

Diese beiden Kopiervorlagen regen zu einer individuellen Beschäftigung mit eigenen Reisezielen in Europa und deren Erkundung im Vorfeld einer Reise an.

Als Zusatzmaterial sollte den Schülerinnen und Schülern Prospekte, Kataloge, Reiseführer u.a. Material zum Ausschneiden und zur Information zur Verfügung gestellt werden. Die Lösung der Kopiervorlage erfolgt dann individuell.

> **Tipp**
>
> Es bietet sich an, die beiden Arbeitsblätter im Anschluss an das Arbeitsblatt „Warum wir in die Ferien fahren" von Seite 7 einzusetzen, in dem die Schülerinnen und Schüler sich unter anderem mit ihren eigenen Ferienwünschen beschäftigen.

Wohin soll die Reise gehen?

Die Schülerinnen und Schüler sollen sich zu jedem Ballon ein Reiseziel als Beispiel überlegen und sich darüber z. B. im Atlas, Erdkundebuch, in einem Länderlexikon usw. informieren. Leichter fällt eine Auswahl, wenn noch zusätzliches Informationsmaterial (Prospekte, Reiseführer etc.) zur Verfügung steht.

Anschließend sollen sie auf der Kopiervorlage kurz die Vor- und Nachteile der einzelnen Reiseziele darstellen und die Ballons mittels Collage oder anderen Techniken passend gestalten. Die Arbeit und die Gestaltung erfolgt individuell.

Im Plenum können die Arbeitsergebnisse besprochen und die Favoriten unter den porträtierten Reisezielen bestimmt werden.

Klimazonen in Europa

Bei dieser Kopiervorlage geht es in einem ersten Schritt darum, verschiedene europäische Orte den unterschiedlichen Klimazonen und ihren Klimamerkmalen zuzuordnen. Danach sollen die Schülerinnen und Schüler sich überlegen, welcher Zeitpunkt für einen Urlaub an diesen Orten günstig ist und welche Art von Reise man dorthin unternehmen kann. So wird den Schülerinnen und Schülern vermittelt, dass die Wahl des Reiseziels unter anderem von klimatischen Bedingungen abhängig ist. Gleichzeitig wird die klimatische Grobgliederung Europas noch einmal eingeübt, die im Unterricht bereits im Vorfeld behandelt werden sollte.

Richtige Lösung:

①

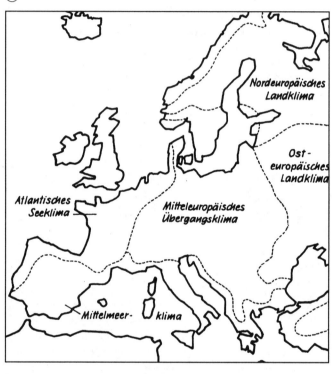

② Die vorgegebenen Orte können (und sollten) anhand der in der Karte eingetragenen Punkte zugeordnet und eingetragen werden.

Bordeaux: Atlantisches Seeklima; kühle Sommer, milde Winter, hohe Niederschläge.

Oberammergau: Mitteleuropäisches Übergangsklima; warme Sommer, kalte Winter, mittlere Niederschläge.

Barcelona: Mittelmeerklima; heiße Sommer, feuchte Winter, geringe Niederschläge.

Östersund: Nordeuropäisches Landklima; sehr kurze Sommer, lange/extreme Winter, geringe Niederschläge.

Bukarest: Osteuropäisches Landklima; warme Sommer, sehr kalte Winter, geringe Niederschläge.

③ Diese Aufgabe kann individuell gelöst werden, jedoch sollte darauf geachtet werden, dass die Zuordnung einigermaßen korrekt oder zumindest sachlich begründet werden kann. „Skiurlaub im Mittelmeerklima" kann keine Lösungsmöglichkeit darstellen!

Auf der Plakatwand ist einiges durcheinander geraten. Vielleicht weißt du ja, was zusammengehört und kannst helfen. Schneide die verschiedenen Reiseziele aus und klebe sie mit der richtigen Beschriftung auf ein neues Blatt Papier! Gestalte dann die Plakatwand farbig!

Besuch des
Disneylands
in Paris

Mit den Gondeln
fahren
in *Venedig*

Badespaß
auf der spanischen Insel
Mallorca

Tulpenblüte in Holland

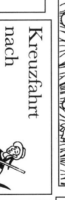

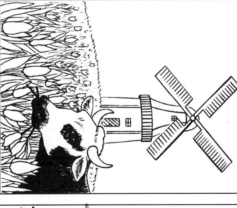

Stierkampf in Spanien

Kreuzfahrt
nach
Griechenland

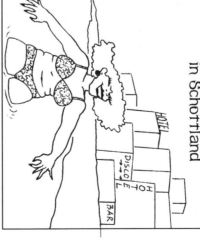

Das **Ungeheuer**
von **Loch Ness**
in Schottland

Ruhe und Erholung
im Schwarzwald

Ferien zum Träumen (1)

Name:	Klasse:	Datum:

① Was erwartest du von deinem Ferienziel? Lies hierzu die Liste. Umkreise die fünf Punkte, die dir am wichtigsten sind!

schöne Landschaft	**Sonne**	gutes Essen	**Sauberkeit**	*Sehenswürdigkeiten*
Sportmöglichkeiten	*Ruhe*	**gute Bademöglichkeiten**		*umweltfreundlicher Ort*
Unterhaltungsprogramm		*preiswerte Unterkunft*	*Disco*	**schöner Strand**

② Wohin möchtest du in Europa am liebsten reisen? Trage dein Traumziel in die Europakarte ein!

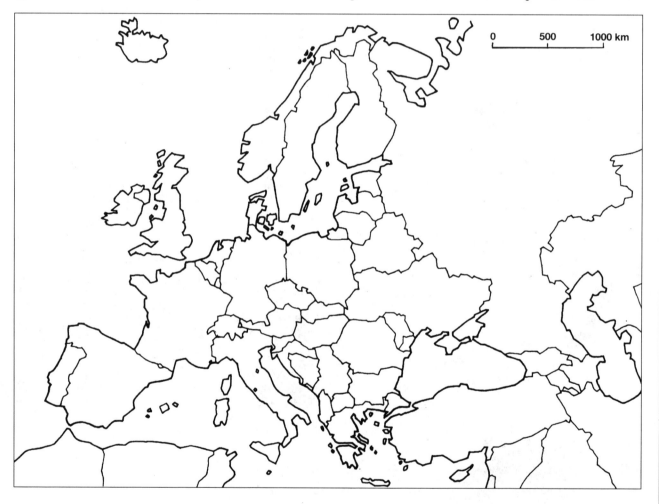

Beschreibe kurz, warum du gerne dorthin reisen möchtest:

Am liebsten würde ich nach _____ reisen, weil

_____

_____

Ferien zum Träumen (2)

Name:	Klasse:	Datum:

③ Informiere dich über landschaftliche Vorteile und andere Vorzüge deines Traumziels und fertige einen kurzen Steckbrief an, was man dort im Urlaub unternehmen kann:

_____

_____

_____

_____

④ Jetzt kannst du mit deinen gesammelten Informationen eine Collage über dein Traumziel gestalten und zum Beispiel Abbildungen aufkleben, etwas dazu zeichnen oder es beschreiben!

Globus 2 © 1999 Oldenbourg Schulbuchverlag

Wohin soll die Reise gehen?

Name: | Klasse: | Datum:

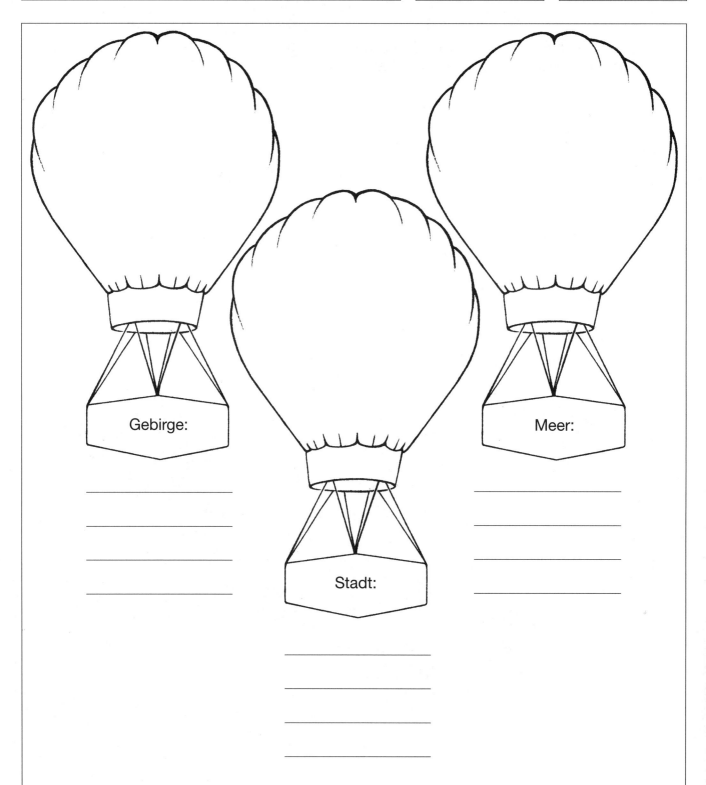

① Suche zu jedem Ballon ein Reiseziel! Informiere dich über deine Beispiele im Atlas und Erdkundebuch!
② Gestalte die Ballons passend zu ihren Zielen!
③ Stelle jeweils ein paar Vor- und Nachteile zu dem jeweiligen Ziel zusammen und notiere sie in oder unter den Ballons!
④ Entscheide dich für ein Ziel und diskutiere in der Klasse dein Ergebnis! Wohin soll die Reise gehen?

Klimazonen in Europa

Name: | Klasse: | Datum:

A:
Atlantisches Seeklima,
Nordeuropäisches Landklima,
Mitteleuropäisches Übergangsklima,
Mittelmeerklima,
Osteuropäisches Landklima.

B:
sehr kurze Sommer, kühle Sommer,
warme Sommer, heiße Sommer, warme
Sommer,
lange/extreme Winter, feuchte Winter, milde
Winter, kalte Winter, sehr kalte Winter,
hohe Niederschläge, mittlere Niederschläge,
geringe Niederschläge, geringe Niederschläge,
geringe Niederschläge.

① Trage die Klimabezeichnungen A in die Karte ein und male die Flächen verschiedenfarbig aus!

② Vervollständige die Klimaangaben der angegebenen Orte (Punkte in der Karte) in der Tabelle mithilfe der oben angeführten Klimakarte und den beiden Listen A und B!

Ort:	Klimazone:	Klimamerkmale:
Bordeaux		
Oberammergau		
Barcelona		
Östersund		
Bukarest		

③ Überlege dir, welche Art von Urlaub man an diesen Orten verbringen kann und welche Reisezeit dafür günstig ist!

_____

_____

_____

_____

Globus 2 © 1999 Oldenbourg Schulbuchverlag

Reiseplanung – Reisevorbereitung

Die Kopiervorlagen in diesem Kapitel des Heftes sollen den Schülerinnen und Schülern einzelne Aspekte zur Planung und Vorbereitung einer Reise auf teilweise spielerische Weise näherbringen. Dabei geht es vor allem um die beiden Punkte:
• Wahl der Unterkunft und
• Wahl des Verkehrsmittels.
Ein weiteres Ziel besteht darin, das Interesse an geografischen (speziell topografischen) Sachverhalten zu wecken.

Wir suchen ein Hotel

In dieser Kopiervorlage werden die Schülerinnen und Schüler dazu aufgefordert, sich mit den Inhalten von Werbung für Hotels in Reisekatalogen auseinanderzusetzen. Sie sollen sich überlegen, was sich hinter werbeträchtigen Aussagen verbirgt, durch die beispielsweise landschaftliche Vorzüge des Hotelstandortes angepriesen werden.
Hier besteht die Möglichkeit, ein fächerübergreifendes Arbeiten mit dem Fach Deutsch herbeizuführen, denn bei dieser Kopiervorlage geht es nicht zuletzt auch um die Auswertung von Texten. Gleichzeitig sollen die Schülerinnen und Schüler für die Mechanismen der Reisewerbung sensibilisiert werden.
Bei der Wahl der „Werbetexte" wurden bewusst zwei unterschiedliche Formen gewählt: ein mehr sachlicher Text und ein typischer Katalogtext.
Die Lösung der Kopiervorlage ist von den Schülerinnen und Schüler individuell zu gestalten. Eine Hilfestellung durch die Lehrkraft ist aber gegebenenfalls angezeigt. Die Lösungen sollten im Anschluss gemeinsam in der Klasse besprochen werden.

> **Tipp**
> Über das Arbeitsblatt hinausgehend können die Schülerinnen und Schüler weitere Prospekte/Reiseangebote nach ihren Inhalten analysieren.
> Ein daran anschließender Arbeitsauftrag könnte folgendermaßen aussehen: Die Schülerinnen und Schüler schreiben selbst kleine „Werbetexte", in denen sie versuchen die Vorzüge eines Hotels anzupreisen bzw. die Nachteile einer Anlage zu kaschieren.

Verkehrsmittel im Vergleich

Die Schülerinnen und Schüler sollen den einzelnen Verkehrsmitteln in der Tabelle die darüber angeordneten Punkte in den Kästen zuordnen. Die Lösung erfolgt individuell und wird sicher auch in einigen Teilen unterschiedlich ausfallen. Dies sollte nicht nur akzeptiert, sondern als gewünschtes Ergebnis angestrebt werden. In der Klasse können dann die verschiedenen Argumente für und wider das jeweilige Verkehrsmittel diskutiert und über alternative Fortbewegungsmittel nachgedacht werden. Diese Diskussion stellt einen wesentlichen Bestandteil der Unterrichtseinheit dar.

> **Tipp**
> In der entsprechenden Jahrgangsstufe bietet sich eine Analyse von wissenschaftlichem Material zum Vergleich verschiedener Verkehrsmittel und eine Diskussion darüber an.

Reisen mit dem Superzug – dem ICE

Thema dieser Kopiervorlage ist ein Vergleich der Verkehrsmittel ICE und Auto unter verschiedenen Gesichtspunkten. Als Grundlage für diesen Vergleich dienen die jeweils ermittelten Fahrtstrecken, die Fahrtzeiten und die Fahrtkosten.
Abschließend sollen bei der Arbeit mit dieser Kopiervorlage die Vor- und Nachteile der beiden Verkehrsmittel abgewogen werden.

Richtige Lösung:
① Fahrtstrecke Zug: München – Augsburg – Nürnberg – Würzburg – Fulda – Kassel – Göttingen – Hildesheim – Braunschweig – Magdeburg – Berlin.
Fahrtstrecke Auto: München – Augsburg – Nürnberg – (Hof) – (Gera) – Leipzig – Berlin.
② Als Hilfsmittel sollte den Schülerinnen und Schülern die Kopiervorlage aus dem Anhang von Seite 60 zur Verfügung gestellt werden.
③ a) Zugstrecke insgesamt: 968 km
b) Fahrtzeit: 5 Stunden und 59 Minuten
c) Preis/Fahrtkosten: Diese müssen individuell erfragt werden, da sie sich häufig ändern!
a) Autostrecke insgesamt: 680 km
b) Fahrtzeit: ca. 5,5 Stunden (bei einer Durchschnittsgeschwindigkeit von 120 km/h), plus Pausen!
c) Preis/Fahrtkosten: Diese müssen individuell berechnet werden, da diese vom Fahrzeugtyp und den aktuellen Benzinpreisen abhängig sind!
④ Siehe Aufgabe ③!

Direktflüge innerhalb Europas

Mittels der Vorlage starten die Schülerinnen und Schüler zu einem fiktiven Flug innerhalb Europas. Sie wird zunächst auf Folie oder Transparentpapier kopiert oder „manuell" übertragen. Auf eine Karte im Atlas aufgelegt, können die Schülerinnen und Schüler erfassen, an welchen geografischen/topografischen oder kulturellen Besonderheiten sie auf ihrer Flugreise vorbeikommen. Start und Zielort können jeweils beliebig festgelegt werden. Bei der Wahl der Atlaskarte sollte auf einen geeigneten, d.h. nicht zu großen Maßstab geachtet werden.

Im Prinzip lässt sich dieses Spiel auch auf andere Kontinente bzw. die ganze Welt übertragen. Das Spiel lässt sich – mit jeweils geänderten Start- und Zielorten – beliebig oft wiederholen. Die Lösungen werden dabei immer individuell unterschiedlich ausfallen.

Rätselflug

Wie der Titel schon sagt, sollen die Schülerinnen und Schüler erraten, wie der im Text beschriebene Flugweg verläuft und sich im Anschluss selber einen Rätselflug überlegen. Auf diese Weise üben sie auf spielerische Art und Weise topografisches Wissen und die Orientierungsfähigkeit auf Karten ein.

Richtige Lösung:
1. Frankfurt am Main (Rhein-Main-Flughafen)
2. Rhein
3. Amsterdam/Den Haag
4. Straße von Dover
5. London
6. Eiffelturm
7. Paris
8. Mittelmeer
9. Korsika
10. Rom
11. Venedig
12. Alpen
13. Gletscher
14. Wien
15. Donau

Reisewege in den Süden

Diese Kopiervorlage beschäftigt sich mit den wichtigsten Alpenübergängen (Pässe und Tunnel) und damit bei der konkreten Reisplanung in Bezug auf die Routenwahl. Die Schülerinnen und Schüler sollen so einen topografischen Überblick über die Verkehrswege über die Alpen erhalten.
Da diese Verkehrswege die einzigen Wege über die Alpen nach Süden (insbesondere nach Italien und Kroatien) darstellen, besitzt diese Kopiervorlage einen hohen Lebensbezug.

Mögliche Lösungen:
Stuttgart – Lindau – San Bernadino – Mailand
Stuttgart – Lindau – Zürich – St. Gotthard – Mailand
Stuttgart – München – Innsbruch – Brenner – Verona
Stuttgart – München – Salzburg – Tauerntunnel – Katschbergtunnel – Triest
Stuttgart – München – Salzburg – Tauerntunnel – Katschbergtunnel – Karawankentunnel – Triest
usw.

Wir packen unsere Koffer

Diese Kopiervorlage stellt einen weiteren Aspekt der Reisevorbereitungen vor – die Auswahl des geeigneten Reisegepäcks. Die vorgegebenen Gegenstände müssen den entsprechenden Reisearten richtig zugeordnet werden.
Natürlich können – als Zusatzaufgabe – von den Schülerinnen und Schülern auch weitere Gegenstände gefunden und ebenfalls richtig zugeordnet werden.

Richtige Lösung:

Strandurlaub:	Sonnenöl, Taucherbrille, Handtuch, Schwimmflossen, Schwimmreifen, Luftmatratze
Bergtour:	Fernglas, (Sonnenöl?), Wanderstock, Land- bzw. Wanderkarte, Bergschuhe, (Regenschirm?), Wanderhut
Städtereise:	Stadtführer, Stadtplan, Verkehrslinienplan, Turnschuhe, Busticket, Regenschirm

Wir suchen ein Hotel

Name: Klasse: Datum:

Kaum ist Weihnachten vorbei, sind in den Reisebüros schon die Reisekataloge für das neue Jahr zu haben. Es gibt viele verlockende Angebote, die nicht immer halten, was sie versprechen. Lies die folgenden Hotelbeschreibungen gut durch.

A

Beach Hotel Loret de Mar *
bietet seinen Urlaubsgästen gleich zwei fantastische Badebuchten. Zum einen den lebhaften Hauptstrand, wo ein buntes Treiben und südländisches Temperament vorherrschen. Dann gibt es allerdings auch den etwas abseits gelegenen Strand Fanals. Hier ist es weniger betriebsam und durch den groben Sand ist das Wasser glaskar. Schnorcheln wird da zum Riesenspaß. Unterhaltung wird rund um die Uhr geboten. Aus den Diskotheken tönen die neuesten Scheiben.

B

**BLUE SEA BEACH ◆◆◆◇◇
Kos**

LAGE: Das Hotel ist nur durch eine Straße vom naturbelassenen Strand getrennt. Es sind 1000 m bis zur nächsten Einkaufsgelegenheit und ca. 3 km bis zum Zentrum von Kos-Stadt. Eine regelmäßige Busverbindung befindet sich direkt vor dem Hotel.

① Suche aus den beiden Katalogtexten je ein Beispiel für Textteile heraus, hinter denen sich andere Aussagen verbergen können als vorgegeben!

A
Text:

_____

_____

Vermutung:

_____

_____

B
Text:

_____

_____

Vermutung:

_____

_____

② Würdest du eines der beiden Hotels wählen? Begründe deine Entscheidung!

_____

_____

_____

③ Lies die folgenden Schlagworte auf der linken Seite und überlege, welche Aussage von der rechten Seite sich dahinter verbergen könnte. Verbinde beides dann mit farbigen Stiften!

Naturstrand	ungeschulte Kräfte
Bademöglichkeit	oft nur Bett, Schrank und Stuhl
lebhaft, abwechslungsreich	unwegsames Klippengelände
strandnah	Baustelle am Hotel, starker Lärm
Familienhotel	schicke Garderobe notwendig
neu eröffnet	schlechte Kontaktmöglichkeiten
zweckmäßig eingerichtete Zimmer	sehr weiter Weg zum Strand
zentrale Lage	im Ort ist nachts viel los, Lärm
gepflegte Atmosphäre	keiner schöner Strand
unaufdringlicher Service	verkehrsreicher, lauter Ort

Verkehrsmittel im Vergleich

Name:	Klasse:	Datum:

schnellste Art am Reiseziel anzukommen	relativ hoher Energieverbrauch	Reisen nach Fahrplan, manchmal mit Verspätung
man ist am Reiseziel relativ unbeweglich	man kann viel Gepäck mitnehmen	keine Bewegungsfreiheit
relativ wenig Bewegungsfreiheit unterwegs	Zeitverlust durch Stress und Stau	man kann so viel Gepäck mitnehmen, wie man tragen kann
man kann eine begrenzte Menge an Gepäck mitnehmen	man ist am Ferienort sehr beweglich	relativ niedriger Energieverbrauch
sehr hoher Energieverbrauch	bequemes Reisen, herumlaufen, lesen, schlafen u. a. möglich	man ist am Reiseziel relativ unbeweglich

Auto	Zug	Flugzeug
1.		
2.		
3.		
4.		
5.		

① Schaue die Übersicht mit den unterschiedlichen Punkten durch und ordne sie den unterschiedlichen Verkehrsmitteln zu! Ergänze die Liste, wenn dir noch weitere Punkte einfallen!

② Wäge danach die verschiedenen Argumente für und wider das jeweilige Verkehrsmittel ab! Gibt es für dich Gründe, ein bestimmtes Verkehrsmittel zu wählen? Gibt es für dich noch weitere Fortbewegungsmittel als Alternative?

Globus 2 © 1999 Oldenbourg Schulbuchverlag

Reisen mit dem Superzug – dem ICE

Name:	Klasse:	Datum:

ICE München – Berlin

7.51 h München Hbf
↓ 7 km
7.59 h Mü-Pasing
↓ 55 km
8.24 h Augsburg
↓ 138 km
9.36 h Nürnberg
↓ 103 km
10.33 h Würzburg
↓ 113 km
11.05 h Fulda
↓ 112 km
11.35 h Kassel
↓ 72 km
12.03 h Göttingen
↓ 95 km
12.32 h Hildesheim
↓ 43 km
12.59 h Braunschweig
↓ 84 km
13.50 h Magdeburg
↓ 146 km
15.06 h Berlin Zool. Garten

Auto (100 km/h,
12 l/100 km Verbrauch)
Benzinpreis _____ pro l

8 h Abfahrt München

_____
_____
_____
_____
_____
_____
_____
_____
_____
_____

Eisenbahnlinie
München-Berlin (ICE)

Autobahnen

---

a) Zugstrecke insgesamt (km): _____

b) Fahrtzeit insgesamt (h): _____

c) Preis/Fahrtkosten: _____

a) Autostrecke insgesamt (km): _____

b) Fahrtzeit insgesamt (h): _____

c) Preis/Fahrtkosten: _____

---

① Zeichne jeweils die Zug- und die von dir gewählte kürzeste Autostrecke mit zwei unterschiedlichen Farben in die Karte ein!
② Ergänze die unterschiedlichen Stationen der Autoroute in der Liste und trage die Entfernungen zwischen den Orten mithilfe der Entfernungskarte von Deutschland ein!
③ Berechne dann jeweils a) die Gesamtstrecken und b) die Fahrtzeiten für Zug/Auto! Berücksichtige auch notwendige Pausen beim Auto fahren!
④ Erkundige dich nach dem aktuellen Zugfahrpreis München-Berlin für eine Familie mit 2 Kindern! Vergleiche die Fahrtkosten für den Zug mit den Fahrtkosten für das Auto (Aufgabe c)! Welches Verkehrsmittel ist preiswerter? Diskutiert das Ergebnis in der Klasse, aber beachtet auch verschiedene Vor- und Nachteile der beiden Verkehrsmittel wie Umweltbelastung oder Stress!

Direktflüge innerhalb Europas

Name: | Klasse: | Datum:

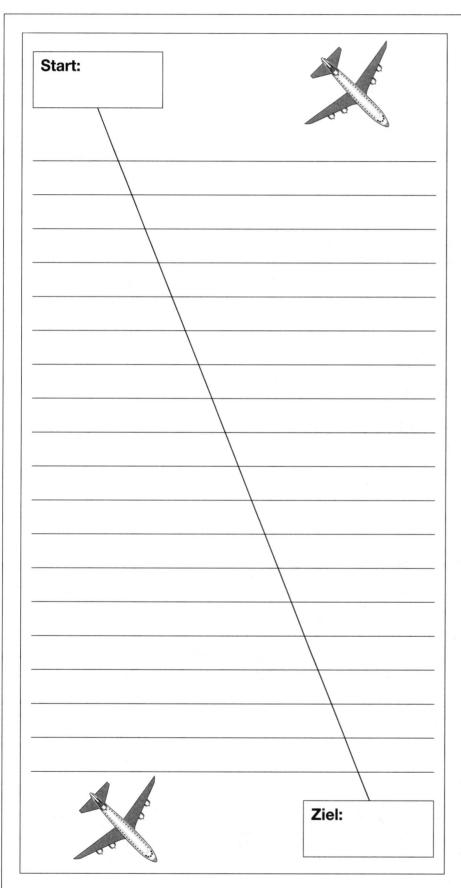

Start:

Ziel:

① Zeichne die Vorlage auf eine Folie oder auf ein Transparentpapier ab!

② Suche dir in deinem Atlas eine geeignete physische oder politische Karte von Europa. Lege die Folie oder das Transparentpapier so darauf, dass die Vorlage sowohl deinen Start- als auch Zielpunkt abdeckt. Trage beide in die Folie ein! Eventuell kannst du die Folie dann mit mehreren Büroklammern an der Karte befestigen.

③ Schreibe jetzt mit einem Stift Namen der Länder, Städte, Flüsse, Seen, Meere, Grenzen, Berge, Gebirge, Landschaften ... an die entsprechenden Stellen, die der Flugweg auf der Karte kreuzt!

④ Berechne die Entfernung zwischen Start- und Zielort und notiere sie ebenfalls! Schmücke dein „Flugprotokoll" aus. Zeichne Flaggen oder geeignete Sehenswürdigkeiten ein!

Tipp: Du kannst auch ein „Flugprotokoll" ohne die Vorlage verfassen. Übertrage dazu deine Flugstrecke aus dem Atlas und klebe sie in dein Heft oder auf ein Blatt Papier. Erledige dann die Aufgaben ③ – ⑤.

Globus 2 © 1999 Oldenbourg Schulbuchverlag

Rätselflug

Name: Klasse: Datum:

Wir starten zu unserem Flug auf Deutschlands größtem Flughafen ❶. Wir fliegen zunächst in nordwestlicher Richtung. Bald überfliegen wir einen sehr bekannten Fluss ❷ und sehen wenig später die Hauptstadt ❸ eines sehr flachen Landes. Von hier aus ändern wir unseren Kurs nach Westen, überqueren eine Meerenge ❹. Da wir sehr niedrig fliegen, sehen wir den Big Ben und die Tower-Bridge sehr gut. Wir sind in ❺. Jetzt machen wir eine starke Kurve und fliegen nach SW weiter zu einer Hauptstadt, deren Wahrzeichen der „Eisenturm" ist. Es ist natürlich der ❻ und wir befinden uns in ❼. Längere Zeit fliegen wir dann in Richtung Süden weiter, bis wir unter uns ein Meer ❽ entdecken. Wir ändern nun den Kurs auf SO und überfliegen in Kürze eine Insel ❾, die zu Frankreich gehört. Wenig später erreichen wir eine Stadt ❿, von der man sagt: „Alle Wege führen nach …" Nach einem kurzen Rundflug über dieser „ewigen" Stadt fliegen wir Richtung Norden weiter und gelangen bald zu einer bekannten Stadt ⓫, die von zahlreichen Kanälen durchzogen ist. Jetzt gilt es Höhe zu gewinnen, denn wir wollen ein großes Gebirge ⓬ Richtung NO überqueren. Wir sehen zwar keine Gemsen, dafür aber große Eisfelder ⓭ und landen bald darauf in einer weiteren europäischen Hauptstadt ⓮, die am Fluss ⓯ liegt. In dieser Stadt kann man mit einem tollen Riesenrad fahren.

Um auch wieder zurück zu kommen, nimm eine Europakarte, suche dir eine andere Strecke und beschreibe den Rückflug!

❶ _____

❷ _____

❸ _____

❹ _____

❺ _____

❻ _____

❼ _____

❽ _____

❾ _____

❿ _____

⓫ _____

⓬ _____

⓭ _____

⓮ _____

⓯ _____

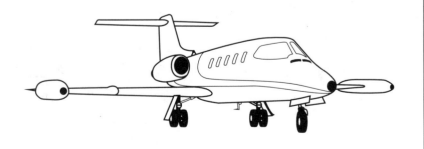

Reisewege in den Süden

Name:	Klasse:	Datum:

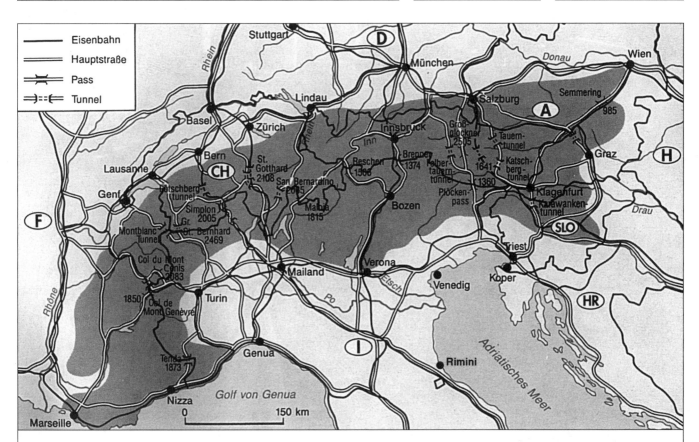

① Für die Autofahrt von Stuttgart nach Rimini muss man die Alpen überqueren. Suche in der Karte die verschiedenen Möglichkeiten und zeichne sie in unterschiedlichen Farben ein!

② Vergleiche die Fahrtrouten anhand der Tabelle! Welche ist die kürzeste, welche die beste?

Route:	Strecke/Tunnel:	Fahrtstrecke in km:	Reisedauer bei 100 km/h:
1. Stuttgart über			
2. Stuttgart über			
3. Stuttgart über			

Globus 2 © 1999 Oldenbourg Schulbuchverlag

Wir packen unsere Koffer

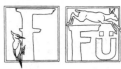

Name: Klasse: Datum:

Auf der linken Seite findest du verschiedene Gepäckstücke, die man für unterschiedliche Reisearten benötigt. Auf der rechten Seite findest du verschiedene Gegenstände, die zugeordnet werden müssen. Was passt in welches Gepäckstück und zu welcher Reise?

Strandurlaub

Bergtour

Städtereise

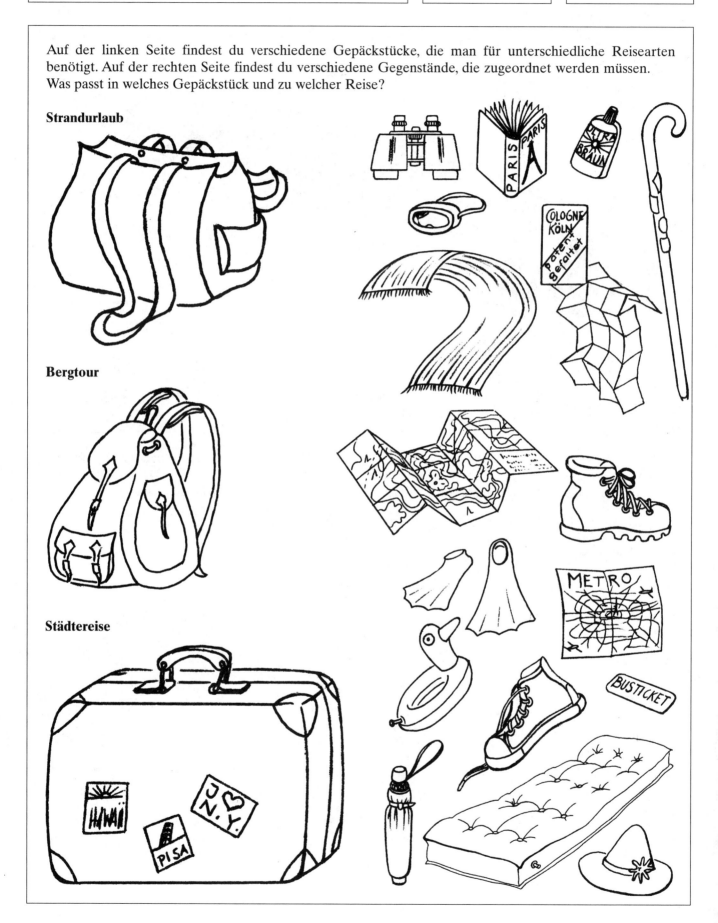

Ferienregionen – Städtereisen in Europa

In diesem Kapitel werden nun ausgewählte Ferienregionen und touristisch interessante Städte vorgestellt. Die Auswahl wurde so getroffen, dass sich jederzeit konkrete Bezüge zum Lehrplan herstellen lassen.

Im Vordergrund dieses Kapitels steht die Vermittlung von konkretem geografischen Grundwissen über die einzelnen Regionen und Städte. Dieses beinhaltet sowohl allgemeine (= touristische) Informationen, aber auch darüber hinaus führende Angaben über „Land und Leute".

Wir orientieren uns im Mittelmeergebiet

Mithilfe dieser Kopiervorlage soll zunächst das Mittelmeergebiet, als eine der wichtigsten Fremdenverkehrsregionen vorgestellt werden. Hier steht vor allem topografisches Grundwissen im Vordergrund, das aber in den letzten beiden Aufgaben in Bezug auf den Tourismus stark konkretisiert wird.

Richtige Lösung:

① Spanien, Frankreich, Italien, Slowenien, Kroatien, Bosnien und Herzegowina, Jugoslawien, Albanien, Griechenland, Türkei, Syrien, Libanon, Israel, (Palestina), Ägypten, Libyen, Tunesien, Algerien, Marokko

② Ligurisches Meer, Tyrrhenisches Meer, Adriatisches Meer, Ionisches Meer, Ägäisches Meer

③ Z. B.: Málaga, Valencia, Barcelona, Marseille, Nizza, Genua, Neapel, Palermo, Venedig, Triest, Athen, Saloniki, Izmir, Beirut, Alexandria, Tripolis, Tunis, Algier

④ Balearen (Spanien), Liparische Inseln (Italien), Dalmatische Inseln (Kroatien), Ionische Inseln (Griechenland), Kykladen (Griechenland), Dodekanes (Griechenland)

⑤ Z. B. Costa del Sol (Spanien), Costa Blanca (Spanien), Costa Brava (Spanien), Cote d'Azur (Frankreich), Französische/Italienische Riviera (Frankreich/Italien), Adria (Italien), Ligurische Küste (Italien)

Europa-Reise-Würfelspiel

In dieser Kopiervorlage soll grundlegendes Wissen über ausgewählte Länder Europas auf spielerische Art und Weise eingeübt und gefestigt werden. Dieses Spiel ist an das „altbekannte" Stadt-Land-Fluss-Spiel angelehnt. Dementsprechend ähnlich sind auch die Spielregeln und der Spielablauf.

Folgende Länder stehen zur Auswahl: Portugal (3), Spanien (4), Frankreich (5), Irland (6), Großbritannien (7), Belgien (8), Niederlande (9), Deutschland (10), Norwegen (11), Schweden (12), Polen (13), Italien (14), Griechenland (15), Türkei (16), Schweiz (17), Österreich (18)

In dem Beispiel sind die Kategorien „Land", „Hauptstadt", „Gewässer" und „Sehenswürdigkeit" vorgegeben, wobei die letzten beiden Punkte ruhig etwas großzügig gehandhabt werden dürfen.

Tipp

Natürlich können die Beispielländer auch anders vorgegeben werden, um das Spiel zu variieren. Dadurch kann es öfters im Unterricht zum Einsatz kommen. Außerdem können andere Schwerpunkte gesetzt werden (z.B. nur Anrainerstaaten ans Mittelmeer, osteuropäische Staaten usw.). Dazu müssen lediglich die Nummern der vorgegeben Staaten entfernt (etwa mit Tipp-Ex) und neu gesetzt werden. Selbstverständlich können die Kategorien ebenfalls anders – zum Beispiel anspruchsvoller (etwa Landessprache, Nationalgericht, typisches Exportgut usw.) – festgelegt werden. Dadurch besteht die Möglichkeit zu einem differenzierteren, eventuell auch fächerübergreifenden Einsatz im Unterricht.

Sehenswürdigkeiten in Europa (1 und 2)

Bei den beiden Kopiervorlagen steht zunächst das spielerische Element (= Rätsellösung) im Vordergrund. Über das Spiel kommen die Schülerinnen und Schüler aber zur Arbeit mit dem Atlas bzw. lernen sie wichtige Sehenswürdigkeiten, Städte und Länder in Europa kennen.

Bei der Lösung sollte ein Atlas und die Kopiervorlage von Seite 62 mit den Sehenswürdigkeiten von Europa zur Verfügung stehen. Gegebenenfalls sollte auch die Lehrkraft Hilfestellungen geben.

Richtige Lösung:

Start: Aachen (Deutschland), Niederlande (Windmühlen), Brüssel in Belgien (Atomium), Paris in Frankreich (Eiffelturm), Spanien (Stierkampf)

Wir gestalten einen Europasteckbrief

Anhand der Kopiervorlage können die Schülerinnen und Schüler Länder ihrer Wahl vorstellen.

Als Zusatzmaterial für die Gestaltung des Europasteckbriefs sollten die Fahnenvorlage von Seite 61, die Länderumrisskarten von Seite 56 bis 59 oder das Europapuzzle von Seite 54/55 aus dem Anhang zur Verfügung gestellt werden. Alternativ oder ergänzend kann auch ein Länderlexikon zu Hilfe genommen werden. Zum Ausschneiden benötigt man zusätzlich Reiseprospekte.

Die Gestaltung erfolgt individuell.

Wir erkunden London

Bei diesem Würfelspiel sollen die Schülerinnen und Schüler erraten, welche auch auf dem Spielfeld abgebildeten Sehenswürdigkeiten auf den Ereigniskarten beschrieben werden. Zur Kontrolle befindet sich die Auflösung auf der Rückseite der jeweiligen Karte.

Dauer

Für die Durchführung des Spiels werden etwa 30 bis 45 Minuten benötigt.

Vorbereitung/Material

Man braucht für das Spiel:
– Spielfiguren in der Anzahl der Spieler,
– 1 Würfel,
– den Spielplan (Kopiervorlage),
– die 20 Ereigniskarten (Kopiervorlagen),
– die Spielanleitung (Kopiervorlage).

Die zwei Seiten mit den Ereigniskarten müssen kopiert und so auf einen Karton geklebt werden, dass auf einer Seite die Fragen und auf der anderen die jeweils richtigen Antworten zu sehen sind. Anschließend sollten sie foliert und auseinandergeschnitten werden.

Der Spielplan muss kopiert (am besten auf DIN A3 vergrößert), eventuell farbig gestaltet und auf festen Karton geklebt werden. Damit der Spielplan länger haltbar bleibt, kann er außerdem foliert werden. Die Spielanleitung sollte kopiert und an die Schülerinnen und Schüler verteilt werden.

Durchführung

Ziel des Spiels ist es, möglichst viele Karten durch richtiges Erraten der gefragten Sehenswürdigkeiten zu sammeln. Bei einer falschen Antwort muss die Karte auf den Stapel zurückgelegt werden. Zusätzliche Ereigniskarten sollen das Spiel auflockern und zählen ebenso für den Sieg. Das Spiel ist beendet, wenn keine Karten mehr übrig sind.

Bei diesem Spiel können bis zu vier Schülerinnen und Schüler teilnehmen oder sechs Schülerinnen und Schüler (jeweils zu zweit) drei Gruppen bilden. Diese Anzahl sollte aber nicht überschritten werden.

Einsatzmöglichkeiten

Das Spiel bietet sich im Anschluss an eine Unterrichtseinheit zu London oder Großbritannien zur Wiederho-

lung an. Es kann aber auch in der Freiarbeit oder in einer Vertretungsstunde eingesetzt werden.

Varianten

Es können zusätzliche Ereigniskarten erfunden oder ähnliche Stadterkundungsspiele von anderen Städten entwickelt werden. Soll das Spiel beschleunigt werden, können statt einem zwei Würfel eingesetzt werden.

Wir besuchen Paris

Die Kopiervorlage kann sowohl zur „theoretischen" Behandlung des Themas „Paris" als auch zur Vorbereitung einer Klassenfahrt nach Paris eingesetzt werden.

Richtige Lösung:

① Individuelle Lösung in Abhängigkeit vom Schulort!
② Individuelle Lösung in Abhängigkeit vom Schulort!
③ Notre Dame, Sacre Coeur, Triumphbogen, Elyseepalast, Eiffelturm, Louvre, Invalidendom

Wir fahren die Tour de France

Mithilfe dieser Kopiervorlage wird das (Reise-)Land Frankreich vorgestellt. Ganz bewusst wird hier auf das konkrete Beispiel der Tour de France zurückgegriffen, da so ein hohes Maß an Motivation und Aktualitätsbezug erzielt wird.

Ein wichtiger Inhalt dieser Kopiervorlage wird mit Aufgabe ③ erfüllt. Hier erfolgt der Schritt weg von der eigentlichen Tour de France hin zur Beschäftigung mit dem Land Frankreich und zur Arbeit mit dem Atlas.

Richtige Lösung:

① Individuelle Lösung!
② 3431 km in Frankreich (3816,7 km plus Teilstrecken in Irland)
Längste Etappe: 248 km (von Plouay nach Cholet)
③ Individuelle Lösung!

Frankreichrätsel selbst gemacht

Diese Kopiervorlage will einen anderen methodischen Aspekt einführen. Nicht über ein Spiel, ein Rätsel oder ähnliches werden die Schülerinnen und Schüler an ein

Thema herangeführt, sondern die Kopiervorlage (= das Rätsel) muss von ihnen erst selbst gestaltet werden (fächerübergreifender Ansatz!). Über die Gestaltung des Rätsels beschäftigen sich die Schülerinnen und Schüler erst indirekt, aber dafür um so motivierter mit dem Thema „Frankreich". Da das Rätsel dann von anderen Schülerinnen und Schülern gelöst werden muss, ist der Lerneffekt doppelt gegeben.

Am Anfang sollte den Schülerinnen und Schülern bei der Erstellung des Rätsels noch einige Hilfestellungen gegeben werden. Eventuell kann die Lehrkraft im Vorfeld ein Rätsel selbst entwerfen, das dann als „Musterrätsel" dienen kann.

Tipp

Mithilfe der Kopiervorlagen auf Seite 56 bis 59 (Länderumrisse) im Anhang können auch ähnliche Rätsel zum Selbermachen erstellt werden. In den Länderumrissen müssen nur die Kästchen ergänzt werden. Anschließend werden sie kopiert und an die Schülerinnen und Schüler (mit der gleichen, jeweils leicht abgewandelten Aufgabenstellung) verteilt.

Einmal Nordkap und zurück!

Bei diesem Spiel handelt es sich um ein Würfelspiel, das „einmal zum Nordkap und zurück" durch Nordeuropa führt. Auf dieser Reise durch Nordeuropa gilt es, zahlreiche Fragen zu diesem Raum zu beantworten.

Dauer
Das Spiel kann innerhalb einer Unterrichtsstunde durchgeführt werden.

Vorbereitung/Material
Für dieses Spiel werden benötigt:
– der Spielplan (Kopiervorlage),
– die 20 Ereigniskarten mit Lösungen (Kopiervorlage),
– mehrere Blanko-Elchkarten (Teil der Kopiervorlage),
– verschiedene Spielfiguren,
– 1 Würfel.
Die Spielfiguren können z.B. vom „Mensch-ärgere-dich-nicht"-Spiel übernommen werden.
Die Ereigniskarten werden vor Spielbeginn kopiert und auf einen Karton geklebt. Auf die Rückseite der Ereigniskarten müssen die entsprechenden Elchsymbole geklebt werden. Zwei Karten bleiben als Blanko-Elchkarten übrig und sollten in ausreichender Zahl kopiert werden. Anschließend können alle Karten foliert werden.
Der Spielplan muss kopiert, eventuell farbig gestaltet, ausgeschnitten und an den entsprechenden Markierungen zusammengeklebt werden. Anschließend kann er auf einen festen Karton geklebt und foliert werden. Dadurch wird der Spielplan stabiler und länger haltbar.

Durchführung
Die Zahl der Mitspieler sollte idealerweise zwischen zwei und vier liegen.
Der Spielleiter verwaltet die Ereigniskarten, liest die Aufgaben vor, kontrolliert die Antworten sowie den Spielverlauf und gibt bei der richtigen Beantwortung die Elchkarten aus.
Es beginnt der Mitspieler, der die niedrigste Punktzahl vorab gewürfelt hat. Dafür muss aber auch die Startfrage richtig beantwortet werden. Erst dann darf der Mitspieler seine Spielfigur ziehen. Im weiteren Verlauf würfeln die anderen Mitspieler im Uhrzeigersinn weiter.
Gelangt ein Spieler auf ein mit einer Zahl gekennzeichnetes Feld, stellt ihm der Spielleiter die entsprechende Aufgabe von der Ereigniskarte. Auf der Ereigniskarte kann auch angegeben sein, was bei richtiger oder falscher Lösung mit dem Spieler geschieht. Bei einer richtigen Antwort erhält der Mitspieler die Ereigniskarte bzw. zusätzliche Elchkarten.
Ist ein Spielfeld belegt, muss auf das nächste freie Feld gezogen werden. Die Spielfiguren dürfen dabei übersprungen werden.
Der Mitspieler, der als Erster im Ziel ankommt, erhält zusätzlich drei Elchsymbole, der Zweite erhält zwei Elchsymbole und der Dritte erhält ein zusätzliches Elchsymbol. Gewonnen hat derjenige Mitspieler, der am Ende die meisten Karten gesammelt hat.

Einsatzmöglichkeiten
Mit der entsprechenden Anzahl von kopierten Spielplänen und Ereigniskarten kann dieses Spiel zu einer spielerischen Wiederholung des Themas „Nordeuropa" in Gruppenform eingesetzt werden. Einsatzmöglichkeiten bestehen auch in Vertretungsstunden und im Rahmen der Freiarbeit. Genauso kann dieses Spiel auch am Anfang der Stoffeinheit „Nordeuropa" stehen (Hilfsmittel Atlas, Erdkundebuch).
Die Tatsache, dass mehrere Spieler nacheinander auf die gleichen Ereignisfelder kommen können und somit die Aufgaben mehrmals gestellt werden, bietet einen zusätzlichen Übungs- und Konzentrationseffekt. Es ist auch möglich, die Antworten nicht gelöster Ereignisfelder vorzulesen. Die Mitspieler sind angehalten, sich auf die Antworten zu konzentrieren, um sie für den Fall, dass sie noch auf ein solches Feld kommen, zu wissen. Dieser zusätzliche Wiederholungseffekt kann beim Spiel mit Schülerinnen und Schülern sinnvoll sein, die Nordeuropa erst noch durchnehmen und sich zunächst mit ihrem Allgemeinwissen an dem Spiel versuchen.

Varianten
Eine Verschärfung erfährt das Spiel, wenn man vereinbart, dass die Spielfiguren auch geschlagen werden können: Entweder nur, wenn sie auf Ereignisfeldern stehen und eine zweite Spielfigur auf dem selben Feld zum Stehen käme oder grundsätzlich auf jedem Spielfeld.

Wir orientieren uns im Mittelmeergebiet

Name:	Klasse:	Datum:

In der abgebildeten Karte fehlen einige Angaben. Beschrifte sie mithilfe eines Atlas:

① Benenne die Länder, die an das Mittelmeer grenzen!
② Füge dann die Bezeichnungen der wichtigsten Meeresteile ein!
③ Zeichne außerdem zehn Städte verschiedener Länder in die Karte ein, die am Mittelmeer liegen!

Nun beantworte folgende Fragen:

④ Wie heißen die Inselgruppen im Mittelmeer und zu welchen Ländern gehören sie?

⑤ Nenne fünf wichtige Badeküsten am Mittelmeer. Zu welchen Ländern gehören sie?

_____

_____

_____

_____

_____

_____

Europa-Reise-Würfelspiel

Name:	Klasse:	Datum:

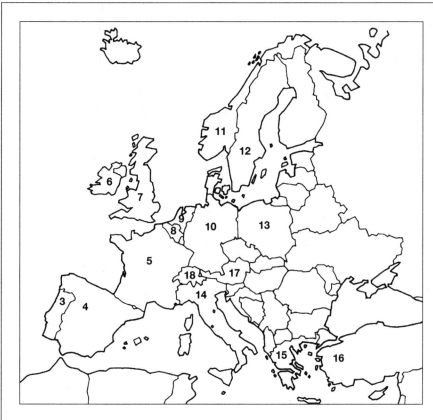

Spielanleitung:

Jeder Spieler erhält eine Kopie des Europa-Reise-Würfelspiels. Dann wird bestimmt, wer beginnen darf. Nun würfeln alle Spieler reihum mit drei Würfeln. Die Summe der Augenzahl entspricht einer Länderzahl auf der Karte.

Ist das Land gewürfelt, übertragen alle Mitspieler zunächst die Zahl in ihre Tabelle und versuchen dann, die vier gesuchten Informationen zu ergänzen.

Ist der erste fertig, ruft er „stop". Bei einem Vergleich der Ergebnisse werden die Punkte vergeben: Richtige Lösungen, die nur von einem Spieler aufgeschrieben wurden, erhalten zehn Punkte, mehrfache Lösungen ergeben nur fünf Punkte.

Das Spiel geht weiter, bis ihr alle Länder „erwürfelt" habt.

Ländernr.	Land	Hauptstadt	Gewässer	Sehenswürdigkeit	Pkte.

Globus 2 © 1999 Oldenbourg Schulbuchverlag

Sehenswürdigkeiten in Europa (1)

Name:	Klasse:	Datum:

Stelle dir vor, du möchtest den Urlaub am Meer verbringen, aber nicht nur am Strand faulenzen, sondern vorher noch einige Sehenswürdigkeiten besuchen.

Der Weg führt dich durch das Europa-Labyrinth! Aber nicht jede abgebildete Sehenswürdigkeit liegt an deinem Weg zum Ziel.

Finde den richtigen Weg und zeichne ihn mit einem Stift in das Labyrinth ein! Notiere, welche Sehenswürdigkeiten du besucht hast, bevor du dich am Meer ausruhen kannst und in welchen Städten bzw. Ländern sie sich befinden!

Start:

Eine Stadt in Deutschland, in deren Dom Karl der Große nach seinem Tod beigesetzt wurde.

_____

1. Station

Land: _____

Sehenswürdigkeit: _____

_____

2. Station

Stadt/Land: _____

Sehenswürdigkeit: _____

_____

3. Station

Stadt/Land: _____

Sehenswürdigkeit: _____

_____

4. Station

Land: _____

Sehenswürdigkeit: _____

_____

Ziel: Fischerstadt an der Küste des Landes der letzten Station. Schönen Urlaub!

Sehenswürdigkeiten in Europa (2)

Start

Ziel

Globus 2 © 1999 Oldenbourg Schulbuchverlag

Wir gestalten einen Europasteckbrief

Name:	Klasse:	Datum:

Land: Hauptstadt:

Suche dir eine Umrisskarte von einem Land aus, das du gerne vorstellen möchtest! Klebe es in dieses Feld und gestalte die Vorlage weiter zu einer Collage! Gestalte auch die restlichen Felder dieses Arbeitsblattes!

Sehenswürdigkeit:

Autokennzeichen:

Typisches Landesgericht:

Landesflagge:

Geografische Besonderheit:

Wir erkunden London

Spielanleitung

Zunächst legt ihr die Karten mit den Beschreibungen der Sehenswürdigkeiten so auf einen Stapel, dass die Fragen offen zu lesen sind. Die Ereigniskarten werden genau andersherum einsortiert. Dann mischt ihr alle Karten gut durch und legt sie auf das dafür vorgesehene Feld auf dem Spielplan.

Nun plaziert ihr eure Spielfiguren im Startfeld. Um zu bestimmen, wer beginnen darf, wird reihum gewürfelt. Die Mitspielerin oder der Mitspieler mit der niedrigsten Zahl darf anfangen.

Jetzt geht die Stadtbesichtigung los! Sie führt euch zu verschiedenen Sehenswürdigkeiten von London!

Je nach gewürfelter Augenzahl bewegt ihr eure Spielfigur auf dem Spielfeld. Gelangt ihr beim Würfeln genau auf ein Feld, das schon von einer anderen Spielfigur besetzt ist, könnt ihr sie „rauswerfen" und an den Start zurückschicken. Kommt ihr auf ein grau markiertes Ereignisfeld, muss eine Karte gezogen und erraten werden, welche Sehenswürdigkeit beschrieben wird. Die Abbildungen auf dem Spielplan erleichtern das Raten. Die Lösungen stehen auf der Rückseite und helfen bei der Kontrolle der Antworten.

Bei einer richtigen Antwort, könnt ihr die Karten behalten und die Spielfigur auf das betreffende Feld mit der abgebildeten Sehenswürdigkeit setzen. Bei einer falschen Antwort bleibt die Spielfigur auf dem Ausgangsfeld stehen und die Karte wird wieder unten in den Stapel einsortiert.

In dem Stapel befinden sich auch die verdeckt liegenden Ereigniskarten. Sie verzögern oder beschleunigen euren Weg. Diese Karten zählen wie die anderen für den Sieg.

Das Spiel ist beendet, wenn sich keine Karte mehr auf dem Stapel befindet. Sieger ist die Mitspielerin oder der Mitspieler, die oder der die meisten Karten gesammelt hat.

Globus 2 © 1999 Oldenbourg Schulbuchverlag

Wir erkunden London – Spielplan

Regent's Park

Wachs-figuren-kabinett

City of

Westminster

Westend

Piccadilly Circus

Buckingham Palace

Trafalgar Square

Westminster Abbey

Houses of Parliament

Westminster Bridge

Waterloo Station

Waterloo Bridge

South wark

Waterloo Bridge

Blackfriars Bridge

St. Paul's Cathedral

Bank of England

Liverpool Street Station

City of London

Southwark Bridge

London Bridge

Tower

Tower Bridge

Hackney

Eastend

Tower-Hamlets

London-Docks

Themse

1 km

0

Start

Ereigniskarten

Nun möchtest du den den berühmten Platz mit einer Säule ansteuern und sie für dein Fotoalbum fotografieren. Auf der Säule steht Admiral Nelson.

Du hast es jetzt besonders eilig, zu der großen Kuppelkirche zu kommen, die so ähnlich heißt, wie so mancher Papst.

Nun schaust du dir die alten Hafenanlagen mit Lagerhäusern an, die heute z. T. stillgelegt sind und zu Wohnhäusern umgebaut werden.

Jemand zeigt dir den Weg. Dadurch findest du eine gute Abkürzung und bist viel schneller. zweimal würfeln.

Du magst nicht mehr laufen und nimmst die U-Bahn. zweimal würfeln.

Du möchtest nicht in einen Zirkus gehen, aber dir gerne einen Platz anschauen, der so ähnlich heißt.

Nun wanderst du über eine alte Brücke zum englischen Parlamentsgebäude.

Auch die alte Klappbrücke, die zu dem ehemaligen Staatsgefängnis führt, interessiert dich sehr.

Du hast dich verlaufen und gehst an den Start zurück, um dich noch einmal neu orientieren zu können.

Du nimmst dir viel Zeit beim Mittagessen. 1 Runde aussetzen.

Freunde haben dir das berühmte Londoner Wachsfigurenkabinett als Ausflugsziel empfohlen. Gehe dorthin und schaue es dir an.

In London gibt es eine große berühmte Kirche, in der Königinnen und Könige gekrönt werden. Diese Kirche darf in deinem Besuchsprogramm nicht fehlen, schaue sie dir näher an.

Das älteste Gebäude in London war früher ein Staatsgefängnis. Heute beherbergt es ein Museum und man kann es von innen besichtigen. Du möchtest gerne die dort ausgestellten Kronjuwelen besichtigen und gehst es besuchen.

Ein Freund verspätet sich am Bahnhof Liverpool Street Station. Du mußt dort auf ihn warten. 1 Runde aussetzen.

Als Zugfan lässt du dir keinen Bahnhof entgehen und schaust dir die Waterloo Station an. 1 Runde aussetzen.

Die Erkundungstour durch London ist sehr anstrengend. Gehe in die große Parkanlage am Rande der Londoner Innenstadt und ruhe dich aus.

Du hast davon gehört, dass die englische Königin in einem besonders schönen Schloss in London wohnt. Du gehst dorthin, um es zu besichtigen.

In London gibt es ein eindrucksvolles Gebäude, in dem große Geldmengen aufgehoben werden. Es interessiert dich sehr und du erkundest es näher.

Du bist müde und ruhst dich ein wenig aus. 1 Runde aussetzen.

Du fährst ein Stück mit dem Bus, das spart Zeit. zweimal würfeln.

Globus 2 © 1999 Oldenbourg Schulbuchverlag

Wir erkunden London Ereigniskarten – Rückseite

Ereigniskarte	Ereigniskarte	London Docks	St. Paul's Cathedral	Trafalgar Square
Ereigniskarte	Ereigniskarte	Tower Bridge	Westminster Bridge und House of Parliament	Picadilly Circus
Ereigniskarte	Ereigniskarte	Tower of London	Westminster Abbey	Madame Tussaud's
Ereigniskarte	Ereigniskarte	Bank of England	Buckingham-Palace	Regent's Park

Wir besuchen Paris

Name:	Klasse:	Datum:

① Schlage den Atlas auf und suche dir die beste Strecke von deinem Schulort nach Paris! Schreibe die einzelnen Etappen des Fahrtweges auf:

_____

_____

_____

② Berechne dann die Entfernung!

Entfernung: Von_____ nach Paris = _____ km

③ Endlich einmal in Paris angekommen, gibt es eine ganze Menge Sehenswürdigkeiten, die wir uns unbedingt anschauen sollten. Finde die Namen der abgebildeten Sehenswürdigkeiten im Buchstabensalat heraus und schreibe sie neben die richtigen Bilder! Eine kleine Hilfe bieten die Zahlen bei den Abbildungen: Sie nennen dir die Anzahl der Buchstaben des gesuchten Namens.

9 _____

10 _____

12 _____

12 _____

10 _____

6 _____

12 _____

LKLKLKWIDGHFNOTREDAMEKLOMBGDEROPERADEIFFELTURMUZNSERDSACRECOEUR
OPLÖLKGHZDLOUVREGHWEOLKFPORTRIUMPHBOGENKJGZRENFDSINVALIDENDOMFEU
KLKLKLKLKZCBSFRELYSEEPALASTIUTJNFHGSOPKLHJGFDRTERSWEAPÜOIUZTHNBMCV

Globus 2 © 1999 Oldenbourg Schulbuchverlag

Wir fahren die Tour de France

Name:	Klasse:	Datum:

Die Etappen der 85. Tour de France 1998

98 LE TOUR DE FRANCE

Vom 11. Juli bis 2. August
in 21 Etappen
von Dublin nach Paris

Irland
Dublin
180 km   Prolog 5,7 km
200 km
Cork   Enniscorthy
Roscoff
Plouay
171 km
Lorient   248 km
Cholet   227 km   Châteauroux
La Châtre
210 km
Brive-la-Gaillarde   Meyrignac-l'Eglise
189 km
Montauban
Pau   224 km
197 km   170 km   221 km
Luchon   Plateau de Beille   Tarascon-sur-Ariege

PARIS   147 km
Melun   **Frankreich**
53 km   Autun   La Chaux-de-Fonds
238 km
Montceau-les-Mines   218 km   Neuchâtel
Aix-les-Bains   149 km
Albertville
Vizille   204 km
Grenoble   189 km   Les deux Alpes
185 km
Valreas
Le Cap d'Agde   191 km   Carpentras
Frontignan La Peyrade

© sid InfoGrafik

= Einzelzeitfahren
- - - = Transferstrecken

0   100 km

① Kennzeichne mit verschiedenen Farben Start, Ziel und Tansferstrecken der Tour de France in der abgebildeten Karte!

② Berechne die Gesamtstrecke der Tour de France! Welche Etappe ist die längste?

③ Schreibe drei Einzeletappen in die folgende Liste! Vergleiche die Strecken im Atlas! Durch welche Regionen und Landschaften führen sie? Welche Besonderheiten (hohe Berge etc.) kennzeichnet die Strecke aus?

Etappe Nr.	Startort	Zielort	Regionen	Landschaft	Besonderheiten

Frankreichrätsel selbst gemacht

Name:	Klasse:	Datum:

Auf dieser Seite findest du eine Vorlage für ein Rätsel. Trage zunächst um den Länderumriss von Frankreich herum Nachbarstaaten und Meere ein! Dann schreibe in die Kästchen alle Begriffe, die dir zu Frankreich einfallen (Städte, Flüsse, Gebirge, Landschaften, Sehenswürdigkeiten, Käsesorten, Weinlandschaften usw.)! Die Wörter können waagrecht oder senkrecht gelesen werden. Fülle alle leer gebliebenen Kästchen mit Buchstaben aus! Zur Lösung des Rätsels sollen die gefundenen Wörter mit einem Farbstift eingekreist werden. Jetzt hast du ein Rätsel, dass du entweder mit deinem Nachbarn in der Schule tauschen oder jemand anderem vorlegen kannst.

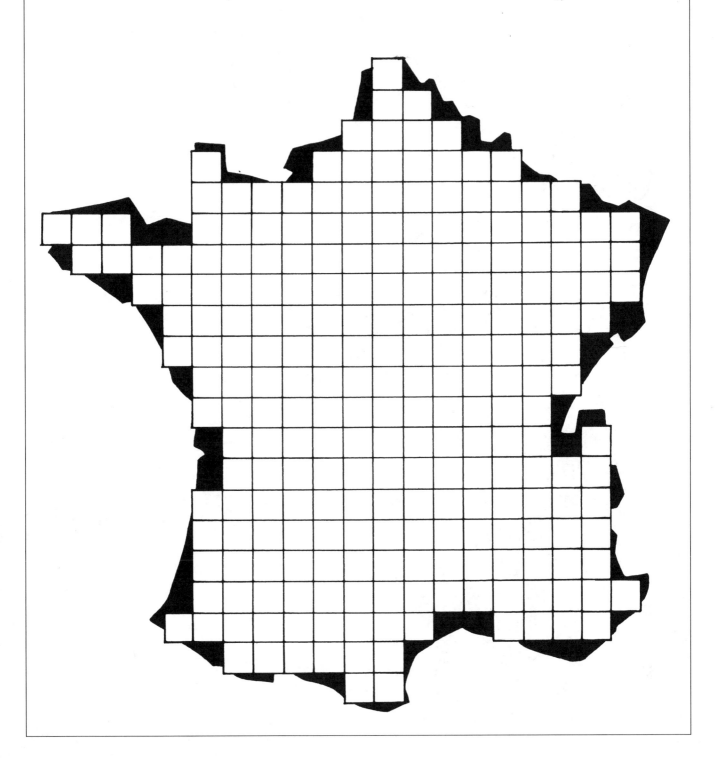

Globus 2 © 1999 Oldenbourg Schulbuchverlag

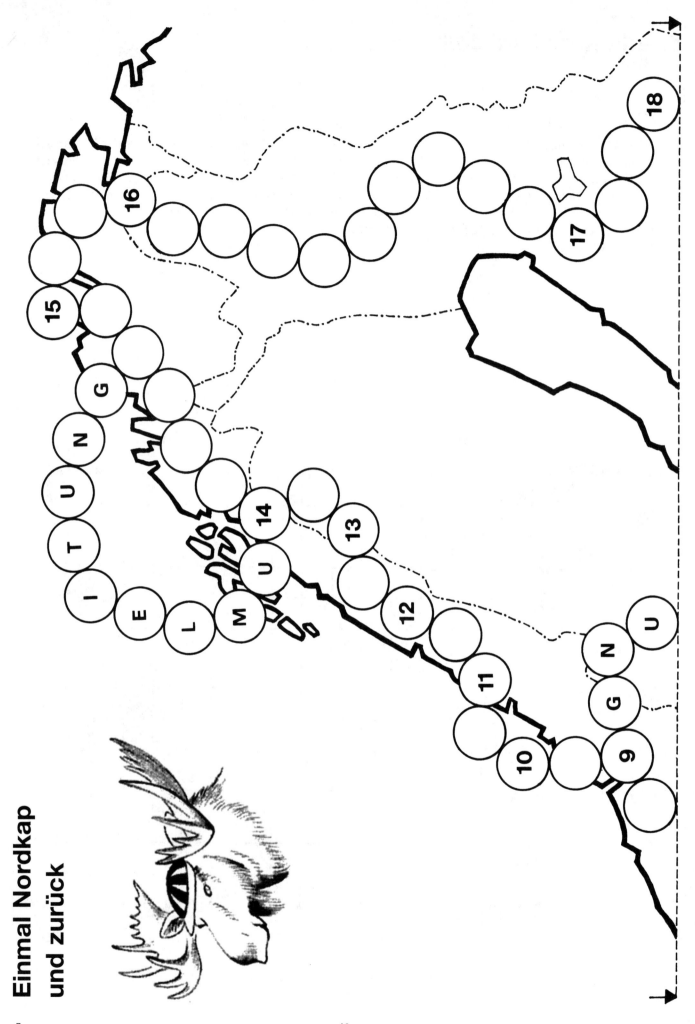

Einmal Nordkap und zurück

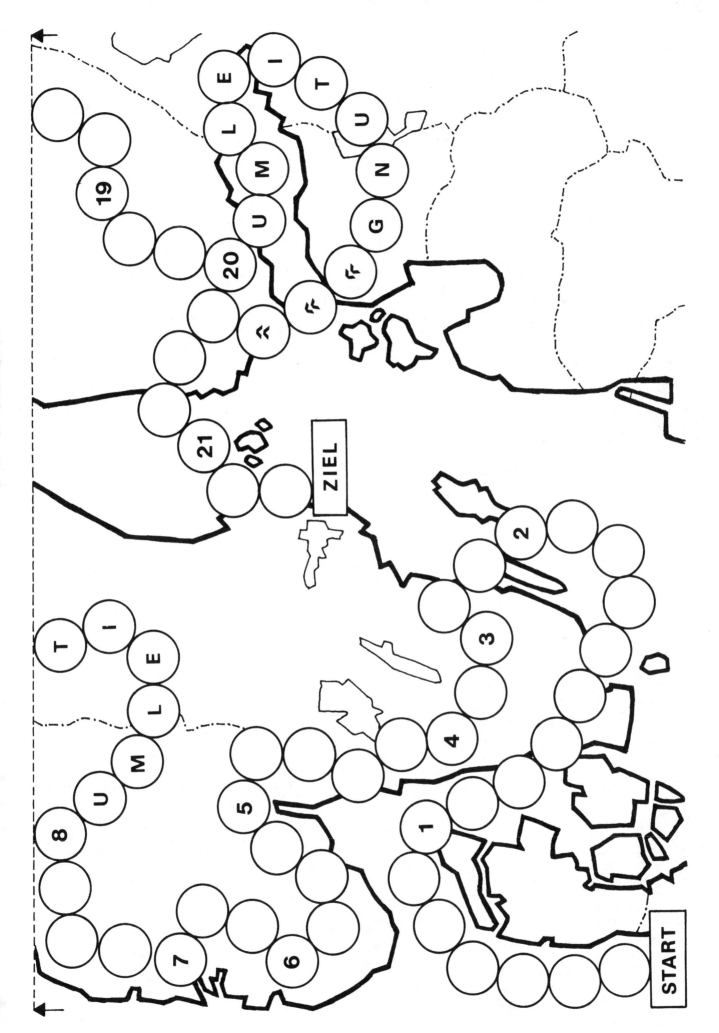

Einmal Nordkap und zurück Ereigniskarten

Start: Welche Länder rechnet man zu Nordeuropa?
Antwort: Island, Dänemark, Norwegen, Schweden, Finnland

Für jede richtige Antwort
ein Feld vorrücken! **Start**

Wie heißen die beiden Meeresteile, die die Nordsee und die Ostsee verbinden?
Antwort: Skagerrak und Kattegat

(1)

Nenne einige Inseln, die in der südlichen Ostsee liegen!
Antwort: Gotland, Öland, Bornholm

Für jede richtige Antwort ein Feld vorrücken! (2)

Welcher Volksstamm aus Skandinavien hat vor etwa 1000 Jahren mit seinen Eroberungszügen Europa in Angst und Schrecken versetzt?
Antwort: Wikinger
Falsche Antwort: Du besuchst ein Freilichtmuseum und informierst dich über die Wikinger. Einmal aussetzen! (3)

Du befindest dich in der zweitgrößten schwedischen Stadt. Wie heißt sie?
Antwort: Göteborg

Falsche Antwort: Du unternimmst einen Ausflug zum Vänersee.
Einmal aussetzen! (4)

Wie heißt die Hauptstadt Norwegens, in der du gerade eingetroffen bist?
Antwort: Oslo

Extrapunkte: Du bekommst einen zusätzlichen Elch für jede weitere nordeuropäische Hauptstadt, die du nennen kannst! (5)

Du bist in Stavanger, dem wichtigsten Industriezentrum Norwegens. Welcher Rohstoff wird in der Nordsee gefördert?
Antwort: Erdöl
Falsche Antwort: Du machst einen Ausflug zu einer Bohrplattform.
Zweimal aussetzen! (6)

Welche sehenswerte Küstenform findest du an Norwegens Westküste?
Antwort: Fjordküste

Falsche Antwort: Du hast die Fähre über den Fjord versäumt. Einmal aussetzen! (7)

Wie heißen die kargen, fast vegetationslosen Hochflächen im skandinavischen Hochgebirge?
Antwort: Fjell

Falsche Antwort: Du machst einen Ausflug in das Landesinnere, benütze die Umleitung! (8)

Aus welchen Talformen sind die Fjorde an der norwegischen Küste entstanden und wer hat sie geschaffen?
Antwort: Kerbtäler/Gletscher
Extrapunkte: Du bekommst drei zusätzliche Elche, wenn du erklären kannst, wie ein Fjord entsteht! (9)

Welches Produkt war früher das Hauptexportgut Norwegens?
Antwort: Fisch
Bei richtiger Antwort darfst du noch einmal würfeln!
Falsche Antwort: Du machst einen Ausflug auf einem Fischerboot. Einmal aussetzen! (10)

Selbst hier weit im Norden Norwegens kann noch Ackerbau betrieben werden. Sogar Obstbäume wachsen hier. Wer ist dafür verantwortlich?
Antwort: Golfstrom

(11)

Du hast den Polarkreis (66,5° nördlicher Breite) erreicht! Wie lange dauern hier der längste Tag und die längste Nacht?
Antwort: 24 Stunden
Falsche Antwort: Du wartest auf ein Polarlicht, solange aussetzen bis du eine sechs würfelst! (12)

Wodurch kommt es zur Entstehung von Polarnacht und Polartag?
Antwort: Schrägstellung der Erdachse

Bei richtiger Antwort, zählt dein nächster Wurf zählt doppelt! (13)

Du hast Narvik erreicht! Welcher Bodenschatz aus Schweden wird hier verladen?
Antwort: Eisenerz (aus Kiruna)

Falsche Antwort: Du machst einen Ausflug auf die Lofoten, benütze die Umleitung! (14)

Endlich hast du den nördlichsten Punkt Europas erreicht! Nenne seinen Namen!
Antwort: Nordkap

Falsche Antwort: Du bist ganz begeistert vom Nordkap und willst noch länger bleiben, zweimal aussetzen! (15)

Auf dem Weg zurück vom Nordkap begegnest du einer Gruppe von Lappen! Wie heißen die Nutztiere der Lappen?
Antwort: Rentiere
Extrapunkte: Du bekommst zwei zusätzliche Elche, wenn du berichten kannst, wie die Lappen leben! (16)

Hier in Finnland reiht sich ein See an den anderen! Wann und wodurch sind diese Seen entstanden?
Antwort: Eiszeit/Gletscher
Extrapunkt: Du bekommst einen zusätzlichen Elch, wenn du weißt, wie Finnland wegen seiner vielen Seen noch genannt wird! (17)

Wie heißt das wichtigste Naturprodukt Finnlands?
Antwort: Holz

Falsche Antwort: Du musst einige Tage als Holzfäller in den Wäldern Finnlands arbeiten! Zweimal aussetzen! (18)

„Meidän on valitettavasti mentävä." ist finnisch und heißt: „Wir müssen leider gehen"! Mit welcher anderen Sprache in Europa ist Finnisch als einziger Sprache verwandt?
Antwort: Ungarisch
Bei richtiger Antwort, darfst du noch einmal würfeln! (19)

Endlich bist du in der Hauptstadt Finnlands. Wie heißt sie und an welchem Teil der Ostsee liegt sie?
Antwort: Helsinki/Finnischer Meerbusen
Falsche Antwort: Mache einen Ausflug nach St. Petersburg und benütze die Umleitung! (20)

Du fährst mit der Fähre von Finnland nach Schweden. Auf welcher Inselgruppe macht die Fähre einen Zwischenstopp?
Antwort: Åland-Inseln

Falsche Antwort: Dein Fährschiff muss repariert werden! Zweimal aussetzen! (21)

Am Ferienort

Das Thema „Am Ferienort" setzt sich mit dem (richtigen) Verhalten am Ferienort auseinander. Dieses Thema ist vielschichtig und stark vom Ferienort abhängig. Deshalb können hier – beispielhaft – nur einige typische Aspekte aufgegriffen werden. Selbstverständlich spielt hier auch das Thema „Sanfter Tourismus" hinein. Doch dieser Aspekt ist nicht einfach zu erfassen und kann nur schwer jahrgangs- und klassenstufengerecht aufgearbeitet werden. Deshalb wird dieser Punkt hier nicht explizit aufgeführt. Er spiegelt sich aber in mehreren Kopiervorlagen dieses Heftes wider.

Ferienpost

Anhand der Bastelvorlage „Ferienpost" können die Schülerinnen und Schüler selbst gestalterisch tätig werden und von verschiedenen Ferienorten berichten.
Die Vorlage sollte nach den Vorgaben auf der Kopiervorlage gestaltet werden. Bei der Bearbeitung werden gestalterische Fähigkeiten der Schülerinnen und Schüler gefordert (Fächerverbindung zu Kunst). Bei der Beschriftung der Postkarte sind die Formulierungsfähigkeiten gefragt (Fächerverbindung zu Deutsch).
Auf jeden Fall sollten die Ergebnisse gemeinsam in der Klasse besprochen werden. Dazu kann festgelegt werden, dass die Postkarten an andere Schülerinnen oder Schüler adressiert werden müssen. Diese müssen dann anhand der auf der Postkarte enthaltenen Informationen, einen kurzen Bericht über das betreffende Urlaubsland abgeben.

Tipp
An die Kopiervorlage anknüpfend können unterschiedliche Erfahrungen der Schülerinnen und Schüler in der Klasse ausgetauscht und diskutiert werden.
Auch hier besteht die Möglichkeit, die Arbeitsergebnisse in Form einer Ausstellung zu präsentieren.

Wir verhalten uns in den Ferien umweltfreundlich

In dieser Kopiervorlage werden nun auch die ökologischen Probleme und Auswirkungen des Tourismus angesprochen. Mithilfe der Kopiervorlage sollen die Schülerinnen und Schüler dahin geführt werden, die Möglichkeiten eines „umweltschonenden" Tourismus in Ansätzen zu erkennen und vor allem ihr eigenes Verhalten am Urlaubsort kritisch zu hinterfragen.
Wichtig ist dabei besonders die Aufgabe ②, da hier die selbstständige Überlegung der Schülerinnen und Schüler gefragt ist. Die Lösungsvorschläge zu dieser Frage sollten in der Klasse gemeinsam diskutiert werden. Eventuell können die Vorschläge auch in Form einer Tafelanschrift oder eines Plakates zusammengefasst bzw. gestaltet werden.

Richtige Lösung:
① 1. Wasser sparen, 2. Strom sparen, 3. Müll vermeiden, 4. Energie sparen.
② Z. B.: mit öffentlichen Verkehrsmitteln statt mit dem Auto anreisen; das lokale Lebensmittelangebot nutzen und nicht auf „heimische" Gerichte bestehen; mit dem Fahrrad reisen oder Ausflüge unternehmen; Getränke aus Pfandflaschen, nicht aus Dosen oder Plastikflaschen kaufen …
③ Individuelle Lösung!

Tipp
Am Beispiel der selbst gestalteten Pictogramme lässt sich auch eine Ratespiel anschließen. Die Pictogramme werden z. B. auf Folie kopiert und mithilfe eines Overhead-Projektors der Klasse vorgestellt. Die Schülerinnen und Schüler müssen nun raten, welche Möglichkeit für umweltfreundliches Verhalten dargestellt ist.

Am Wasser – Baderegeln

Mithilfe dieser Kopiervorlage sollen den Schülerinnen und Schülern einige grundsätzliche Baderegeln bzw. das richtige Verhalten bei einem Badeurlaub am Meer vermittelt werden. Über die vorgegeben Regeln hinaus lassen sich sicher noch weitere wichtige Regeln finden (siehe Aufgabe ②).
Darüber kann und soll in der Klasse gemeinsam diskutiert werden.

Richtige Lösung:
① – Nicht mit vollem Bauch ins Wasser gehen.
  – Keine Kopfsprünge in unbekannte Gewässer machen.
  – Bei Gewitter nicht ins Wasser gehen.
  – Keinen Müll ins Wasser werfen.
  – Nach dem Baden gut abtrocknen.
  – Sich vor zu starker Sonneneinstrahlung schützen.
② – Sich vor dem Schwimmen abkühlen.
  – Rücksicht auf andere Schwimmer nehmen.
  – Schifffahrtswege, Buhnen, Schleusen oder Wehre meiden.
  – Sich beim Schwimmen nicht übernehmen.
  – Nicht um Hilfe rufen, wenn man nicht in Gefahr ist.

Ferienpost

① Als erstes solltet ihr euer Reiseland ermitteln. Dafür schreibt ihr verschiedene Ländernamen Europas auf kleine Zettel, faltet sie zusammen und vermischt sie gründlich! Dann könnt ihr die Länder untereinander verlosen, indem jeder einen Zettel zieht!

② Nun kannst du beginnen, mit der Vorlage auf dieser Seite eine Postkarte von deinem gezogenen Land zu gestalten. Auf die Rückseite können Bilder aus Reiseprospekten geklebt werden, die zum jeweiligen Land passen, du kannst sie aber auch bemalen. Vergiss nicht, die Briefmarke auf der Vorderseite zu gestalten!

③ Beschrifte nun deine Ferienpostkarte! Berichte beispielsweise von den Orten, die du besucht hast, von den Sehenswürdigkeiten oder vom Wetter.

Postkarte ausschneiden, an der gebrochenen Linie falten und zusammenkleben.

Wir verhalten uns in den Ferien umweltfreundlich

Name:	Klasse:	Datum:

① Wenn du den folgenden Text eines Reiseveranstalters liest, stellst du fest, dass die Maßnahmen fehlen, wie man sich im Urlaub umweltfreundlich verhalten kann. Ergänze die Stichworte in den einzelnen Abschnitten!

② Vielleicht fallen dir noch weitere Möglichkeiten ein, sich umweltfreundlich zu verhalten. Notiere sie!

③ Entwerfe dann zu den einzelnen Energiesparmöglichkeiten Zeichen oder Pictogramme, die die verschiedenen Sachverhalte kurz und knapp illustrieren!

Lieber Reisegast,

mit Ihrer Unterstützung erreichen wir unser Ziel, den Erhalt unserer schönen Urlaubsgebiete durch umweltverträgliches Reisen, noch viel schneller. Wie aber können Sie als einzelner Gast dazu beitragen? Es ist ganz einfach.

Sie können

1. _____. In vielen südlichen Ländern ist Wasser ein kostbares, da knappes Gut. Drehen Sie doch ganz einfach beim Duschen, Waschen und Zähneputzen den Wasserhahn zwischendurch ab.

2. _____, indem Sie Klimaanlage, Radio, Fernseher nur bei Bedarf einschalten.

3. _____, indem Sie Ihren Abfall ausschließlich in dafür vorgesehene Behälter werfen deponieren und Sondermüll, wie z. B. Batterien, wieder mit nach Hause nehmen und entsorgen. Denken Sie daran: Auch am Strand sollte kein Abfall wahllos verstreut werden!

4. _____, indem Sie positiv auf Maßnahmen ihres Hotels, wie z.B. flexibler Handtuchwechsel, Durchlaufbegrenzer in den Duschen reagieren und Sie z.B. ihr Urlaubsland einmal per Fahrrad, mit öffentlichen Verkehrsmitteln oder per Gruppenreise im Bus entdecken und kennen lernen.

Geredet wird viel vom Umweltschutz ... unsere Devise heißt: „Es gibt nichts Gutes – außer man tut es!"

In diesem Sinne einen erholsamen Urlaub!

Weitere Vorschläge, wie man sich umweltfreundlich verhalten kann: _____

_____

_____

Globus 2 © 1999 Oldenbourg Schulbuchverlag

Am Wasser – Baderegeln

Name:	Klasse:	Datum:

Auf dieser Seite findest du einige Pictogramme mit Hinweisen, was man beim Baden beachten sollte. Aber die eigentlichen Baderegeln dazu fehlen.

① Schreibe neben die einzelnen Abbildungen, wie man sich richtig verhalten sollte!

② Vielleicht fallen dir zusätzliche Dinge ein, die man beim Baden beachten sollte. Notiere sie! Wenn du möchtest, kannst du auch versuchen, passende Pictogramme dazu zu zeichnen!

Probleme mit dem Tourismus

In diesem Kapitel werden die konkreten Auswirkungen des Tourismus – insbesondere des Massentourismus – auf die Menschen, die Kultur und vor allem auf die Landschaft der Urlaubsregionen aufgezeigt.

An zwei konkreten Fällen werden diese Auswirkungen beispielhaft vorgestellt: Küstenort/Benidorm und Hochgebirge/Alpen.

Neben den genannten Beispielen lassen sich sicher noch weitere Auswirkungen bzw. weitere Ortsbeispiele finden.

Bei der Bearbeitung dieser Kopiervorlagen sollen die Schülerinnen und Schüler erkennen, dass der Massentourismus nicht ohne Auswirkungen auf die betroffenen Regionen bleiben kann. Dazu ist es wichtig, dass sie sich auch als Bestandteil (also als aktiver Teilnehmer) des Massentourismus sehen. Erst dann können sie zu dem Punkt gelangen, über Möglichkeiten und Chancen nachzudenken, ob und wie die Auswirkungen des Massentourismus auch anders aussehen oder gesteuert werden können.

Nicht die neutrale, sachliche Analyse der Fakten sollte im Vordergrund stehen. Es ist auch ganz wesentlich, die Schülerinnen und Schüler über den emotionalen Aspekt bei der Bearbeitung dieses Themas mit einzubeziehen. Dabei sollte aber keine Schuldzuweisung erfolgen und keine „Zeigefinger-Pädagogik" angewandt werden.

„Hurra" oder „Hilfe", die Urlauber kommen!

Diese Kopiervorlage beschäftigt sich mit den Auswirkungen des Massentourismus auf einen Badeort am Mittelmeer an dem konkreten Beispiel von Benidorm. Benidorm eignet sich vor allem deshalb gut als Beispiel für die Folgen des Massentourismus, weil er hier zu sehr extremen Auswirkungen, besonders zu landschaftlichen Veränderungen geführt hat.

Wenn möglich sollten zusätzlich zur Bearbeitung dieser Kopiervorlage auch andere Medien (Fotos von Benidorm, Videos etc.) eingesetzt werden, um die hier angesprochenen Veränderungen und Folgen auch bildlich verdeutlichen zu können.

Richtige Lösung:

① Massentourismus heißt, dass sehr viele Menschen annähernd zur gleichen Zeit in der gleichen Region oder dem gleichen Ort ihren Urlaub verbringen. Diese Konzentrierung von sehr vielen Menschen an bestimmten Urlaubszielen führt zu negativen Auswirkungen auf die Umwelt.

Als Hauptsaison bezeichnet man die zeitliche Konzentrierung der Urlauberströme, in der Regel in den Sommermonaten, insbesondere während der Schulferien.

② – verbaute Landschaft
  – landesuntypische Bauweisen
  – teure Infrastruktur muss geschaffen werden
  – Wasserknappheit
  – große Abfallmengen
  – generelles Problem der Entsorgung
  – starke Abhängigkeit vom Tourismus
  – Veränderung des Lebens der Einheimischen
  – usw.

③ In Benidorm führte der Tourismus zu einer extremen Konzentrierung auf einen schmalen Küstenstreifen und im wesentlichen auf zwei Monate im Jahr. Dadurch werden die in Aufgabe ② genannten Punkte hier noch einmal verstärkt.

Es war einmal ...
Tourismus verändert die Alpenlandschaft

Neben dem Massentourismus am Mittelmeer stellt der Tourismus in den Alpen ein weiteres markantes Beispiel für die Auswirkungen und Folgen des Tourismus dar.

Bei der Behandlung dieses Themas sollten im Vorfeld die Alpen als Naturraum bereits behandelt worden sein. Dabei sollten die Aspekte Klima, Boden, Geologie, Naturgefahren, aber auch die spezielle Situation der Landwirtschaft in den Alpen behandelt werden. Die Schülerinnen und Schüler sollten dadurch zu der Erkenntnis gelangt sein, dass es sich bei den Alpen um einen äußerst sensiblen und damit auch sehr gefährdeten Lebensraum handelt.

Richtige Lösung:

① Individuelle Lösung!

② – verbaute und zersiedelte Landschaft
  – untypische, nicht alpenländische Bauweisen
  – vermehrte Verkehrswege
    (Straßen, Brücken, Tunnel)
  – Bergwald ist in weiten Teilen abgeholzt
  – Verbauungen der Natur (regulierter Bachlauf, Staudamm, Lawinenschutzmaßnahmen) ·
  – zahlreiche Einrichtungen für Freizeitaktivitäten
  – usw.

③ Hier sollen individuelle Lösungsvorschläge der Schülerinnen und Schüler eingebracht und anschließend im Unterricht diskutiert werden.

„Hurra" oder „Hilfe", die Urlauber kommen!

Name:	Klasse:	Datum:

In der Hauptsaison (Juli und August) strömen viele Urlauber an die Badeküsten des Mittelmeeres. Die Touristenmassen ballen sich vor allem an einigen schmalen Küstenstreifen. Campingplätze, Pensionen, Appartmenthäuser, Feriendörfer und Hotels sind dann meist voll belegt. In vielen Orten entstanden riesige Bettenburgen wie z. B. in Benidorm, Spanien. Benidorm hatte vor etwa 40 Jahren ungefähr 3000 Einwohner. Hier lebten viele Fischer und Kleinbauern. Heute jedoch ist der Ort auf rund 30 000 Einwohner angewachsen. Von den mehr als 2 Millionen Urlaubern, die fast alle zur gleichen Zeit (Juli und August) hier ihre Ferien verbringen, finden die meisten in den rund 160 Hotels ein Quartier. Hier und in anderen Unterkünften stehen zirka 200 000 Betten für die Touristen bereit. Neben den riesigen Massenunterkünften mussten für die Urlauber Freizeiteinrichtungen, Verkehrswege sowie Ver- und Entsorgungseinrichtungen gebaut werden.

① Beschreibe kurz, was man unter den Begriffen Massentourismus und Hauptsaison versteht!

_____

_____

_____

② Stelle in Stichworten einige Probleme dar, die sich aus dem Massentourismus ergeben!

_____

_____

_____

③ Welche Veränderungen brachte der Massentourismus für die Bevölkerung und den Ort Benidorm mit sich?

_____

_____

_____

Es war einmal … Tourismus verändert die Alpenlandschaft

Name: Klasse: Datum:

Alpenlandschaft früher

Alpenlandschaft heute

① Wähle je eine Farbe für Bäume, Wiesen/Weiden, Straßen, Skilifte/Gondelbahnen aus und male diese Elemente in den beiden Zeichnungen gleichfarbig aus!

② Nun kannst du genauer die Veränderungen zwischen den zwei Phasen beschreiben! Welche Unterschiede fallen dir auf?

_____

_____

③ Überlege dir, wie eine vernünftige Entwicklung der Alpenlandschaft in Zukunft aussehen könnte und versuche sie zu beschreiben und/oder aufzuzeichnen! Vielleicht findest du aktuelle Beispiele dafür.

_____

_____

Globus 2 © 1999 Oldenbourg Schulbuchverlag

Anhang – Materialien

Die Materialien im Anhang dieses Heftes können als zusätzliche Ergänzung zu den Kopiervorlagen verwendet werden (siehe Beschreibungen zu den einzelnen Kapiteln). Aber auch für die Umsetzung eigener Ideen in Form von größeren Projekten oder in der Gruppenarbeit bieten sie vielfältige Einsatzmöglichkeiten.

Europakarten

Dieses „Blankomaterial" auf den Seiten 51 bis 53 eignet sich als Grundlage für vielfältige Bestimmungsübungen: Es können mithilfe des Atlas beispielsweise Länder, Hauptstädte, Flüsse, Berge und je nach Thema vieles mehr eingetragen werden.

Außerdem bietet sich eine farbige oder auch collagenartige Gestaltung der beiden Karten durch die Schülerinnen und Schüler an.

Als Ergänzung zu den Europakarten können auch die Seiten mit den Fahnen/Flaggen sowie die Pictogramme zu einzelnen europäischen Sehenswürdigkeiten herangezogen werden. Mit diesem Material kann beispielsweise eine „Wandzeitung" hergestellt werden, indem die Flaggen/Sehenswürdigkeiten um die auf einen großen Bogen Pappe oder Papier aufgeklebte Europakarte befestigt werden. Mit Wollfäden oder einem Stift kann dann eine Verbindung zu den jeweiligen Ländern hergestellt werden. Ergänzend können weitere Informationen zu den einzelnen Ländern hinzugefügt werden.

Schließlich eignen sich die Europakarten gut als Grundlage für die Gestaltung von Spielplänen.

Europapuzzle

Dieses Puzzle ist nicht einfach zu lösen und ist daher besonders gut als Differenzierungsmaterial geeignet. Es sollte auf DIN-A3-Format vergrößert, u.U. foliert und ausgeschnitten werden. Als Lösungshilfe kann die Europakarte von Seite 51/52 benutzt werden, da hier die Ländergrenzen zu erkennen sind. Außerdem hilft die Länderübersicht bei der Zuordnung der Puzzleteile.

Umrisskarten

Die Umrisskarten der einzelnen Länder können ähnlich wie die Europakarten verwendet werden.

Trägt man ein Karoraster ein, kann daraus als nächster Schritt ein Rätsel gestaltet werden, ähnlich wie bei dem Frankreichrätsel vorgegeben (S. 39).

Mithilfe der Umrisskarten können zum Beispiel Collagen oder Präsentationen der vorgeschlagenen Länder gestaltet werden.

Die Umrisskarten können auch als Grundlage für die Gestaltung von Spielplänen dienen. Als eine mögliche Vorlage können hier die Kopiervorlagen: „Wir fahren die Tour de France" (S. 38) oder „Einmal Nordkap und zurück" (S. 40 bis 42) dienen.

Entfernungskarte Deutschland

Die Entfernungskarte ist als Ergänzungsmaterial zur Kopiervorlage aus Seite 20 vorgesehen. Aus Gründen der Übersichtlichkeit sind die Städte mit ihren jeweiligen Autokennzeichen eingetragen. Die Kilometerangaben beziehen sich auf die Autobahnentfernungen.

Auf der Basis dieser Karte können aber jederzeit auch andere Einsatzmöglichkeiten gefunden werden. Diese können zum Beispiel einfache Orientierungs- und Rechenaufgaben sein (z.B. „Wie weit ist es von Saarbrücken nach Rostock?" usw.). Hierbei können die Schülerinnen sowohl ihre mathematischen als auch ihre Orientierungsfähigkeiten üben und festigen.

Fahnen/Flaggen und Sehenswürdigkeiten

Diese Materialien eignen sich, wie oben beschrieben, als Ergänzung für die Europakarten. Außerdem können sie als Elemente für Memory-, Quartett- oder Brettspiele verwendet werden.

Mithilfe der Flaggen lässt sich auch ohne große Probleme ein Domino-Spiel herstellen. Dazu müssen lediglich die Ländernamen (eventuell auch zusätzliche Informationen wie Hauptstadt, Fläche, Einwohner etc.) hinzugefügt und anschließend zu sich ergänzenden Doppelkärtchen zusammengefügt werden.

Als weitere Möglichkeit bietet sich die Verwendung in Ratespielen an, indem die Flaggen oder Sehenswürdigkeiten jeweiligen Ländern zugeordnet werden müssen. Dazu sollten die Vorlagen u.U. vergrößert kopiert, foliert und ausgeschnitten werden.

Adressen

Die Adressen sind bei Planungen von Reisen hilfreich. Bei den entsprechenden Stellen können Informationen eingeholt oder Material bestellt werden, welche wiederum gut im Unterricht eingesetzt werden können.

Eine sinnvolle Übung für die Schülerinnen und Schüler ist es auch, wenn sie von den verschiedenen Stellen selbstständig Informationsmaterial anfordern sollen. Dazu können einzelne Gruppen gebildet werden, die jeweils den Auftrag erhalten, sich über ein bestimmtes Land zu informieren.

Europakarte (1)

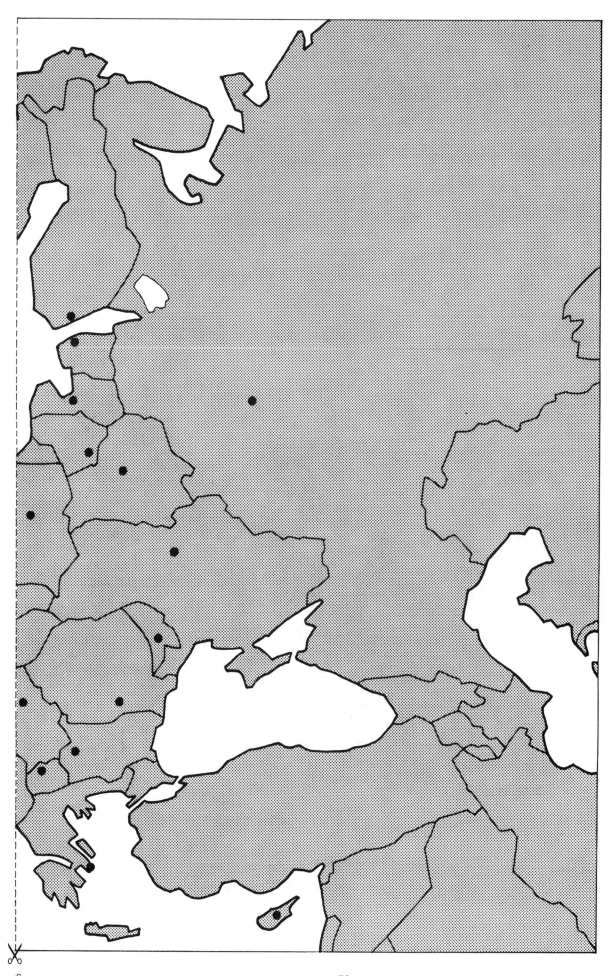

Stumme Karte von Europa

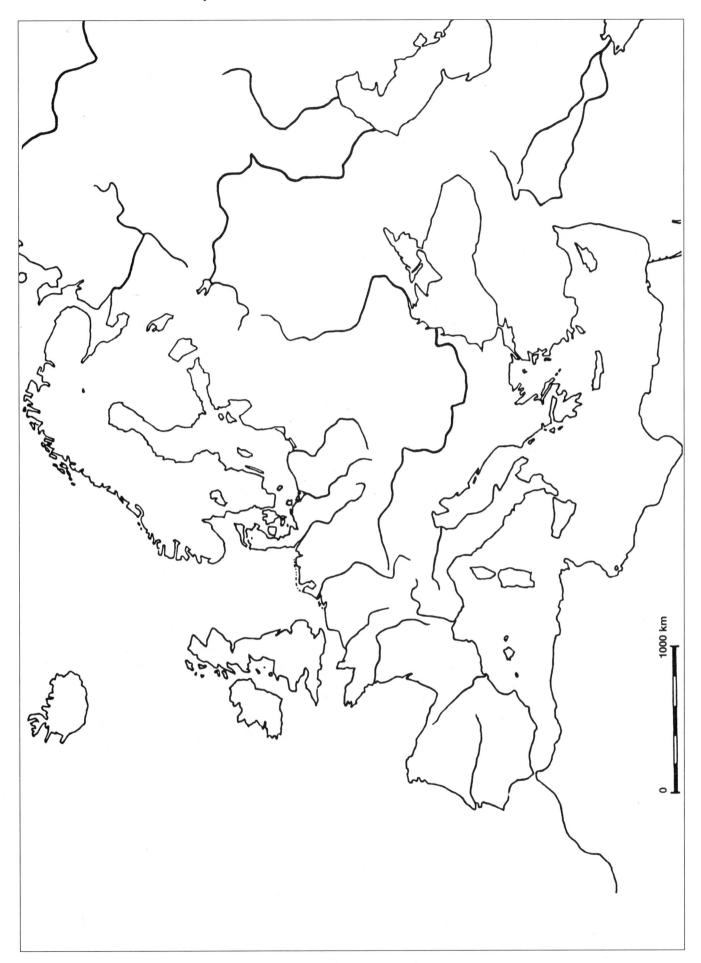

1000 km

0

Globus 2 © 1999 Oldenbourg Schulbuchverlag

Europapuzzle (1)

Albanien
Belgien
Bosnien-Herzegowina
Bulgarien
Dänemark
Deutschland
Estland
Finnland
Frankreich
Griechenland
Großbritannien
Irland
Island
Italien
Jugoslawien
Kroatien
Lettland
Litauen
Luxemburg
Makedonien
Moldawien
Niederlande
Norwegen
Österreich
Polen
Portugal
Rumänien
Russland
Schweden
Schweiz
Slowakei
Slowenien
Spanien
Tschechien
Türkei (europ.)
Ukraine
Ungarn
Weißrussland
Zypern

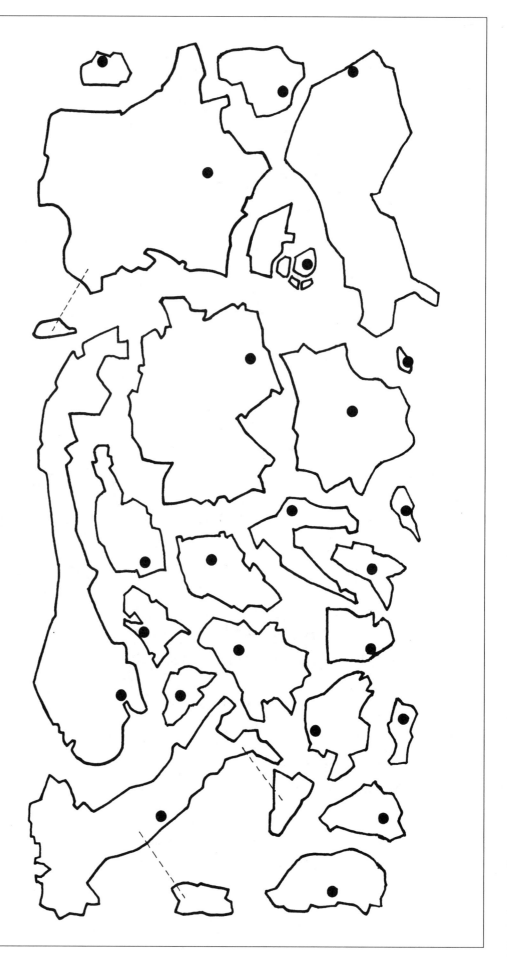

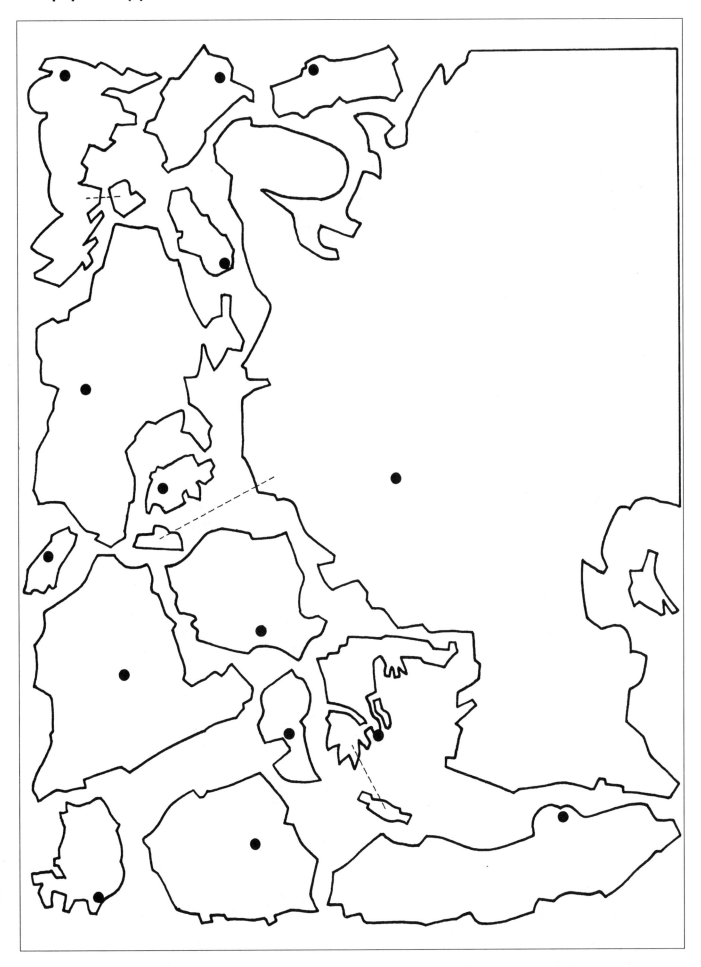

Länderumriss Italien

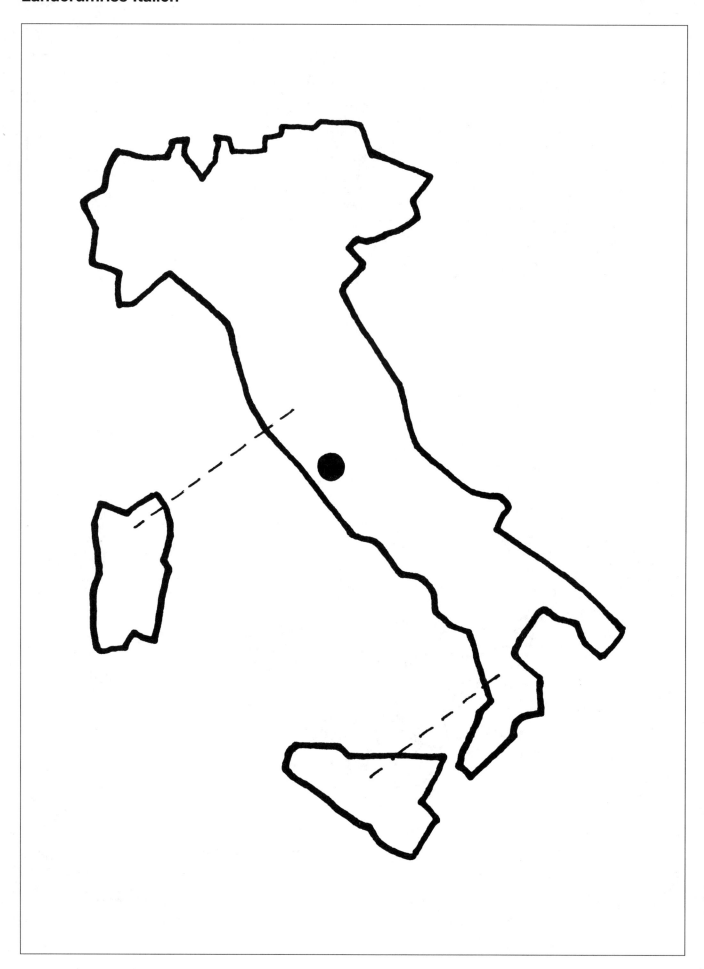

Länderumriss Frankreich

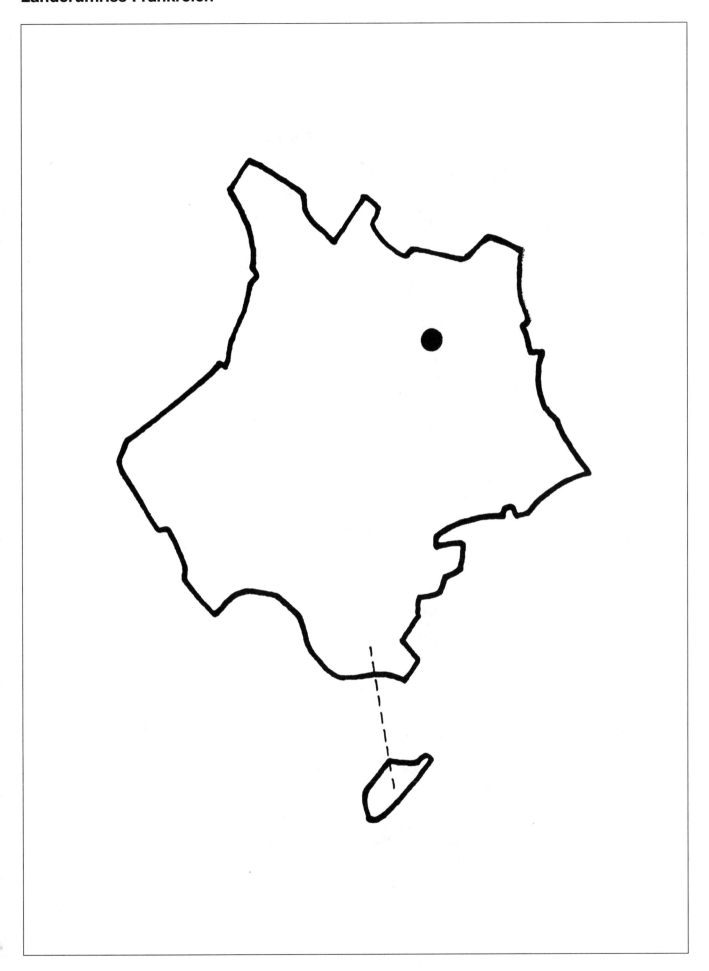

Länderumriss Großbritannien

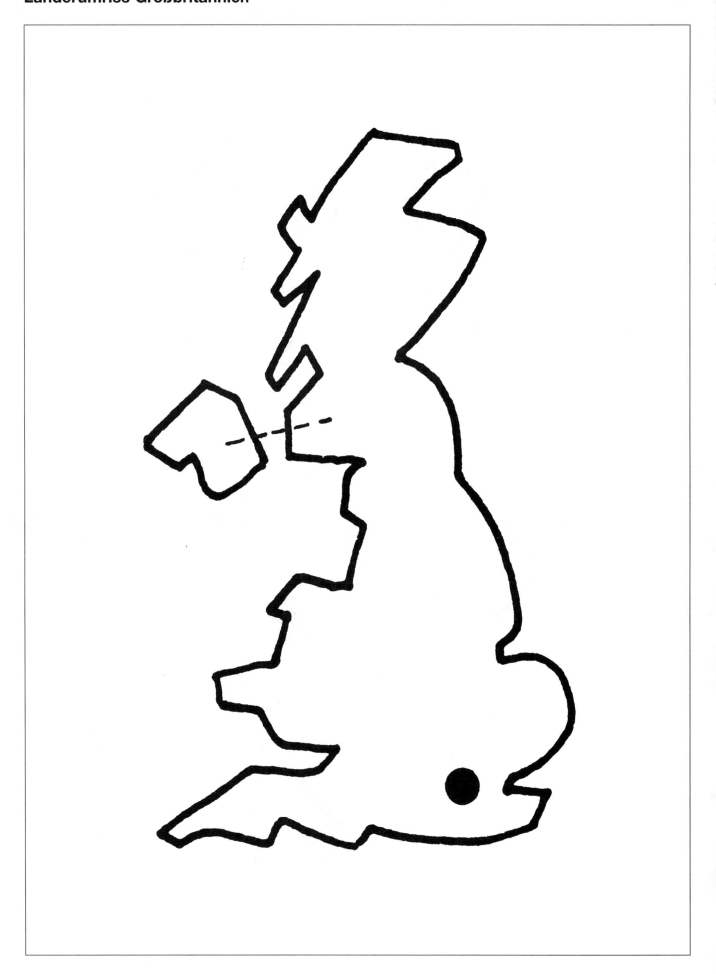

Länderumriss Deutschland

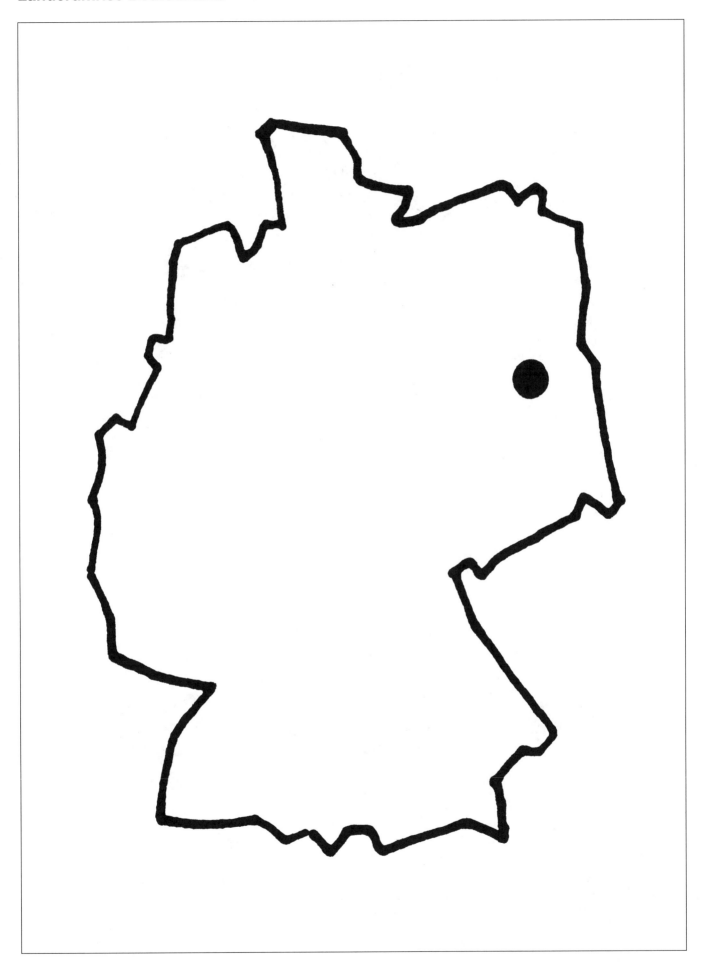

Globus 2 © 1999 Oldenbourg Schulbuchverlag

Entfernungskarte Deutschland

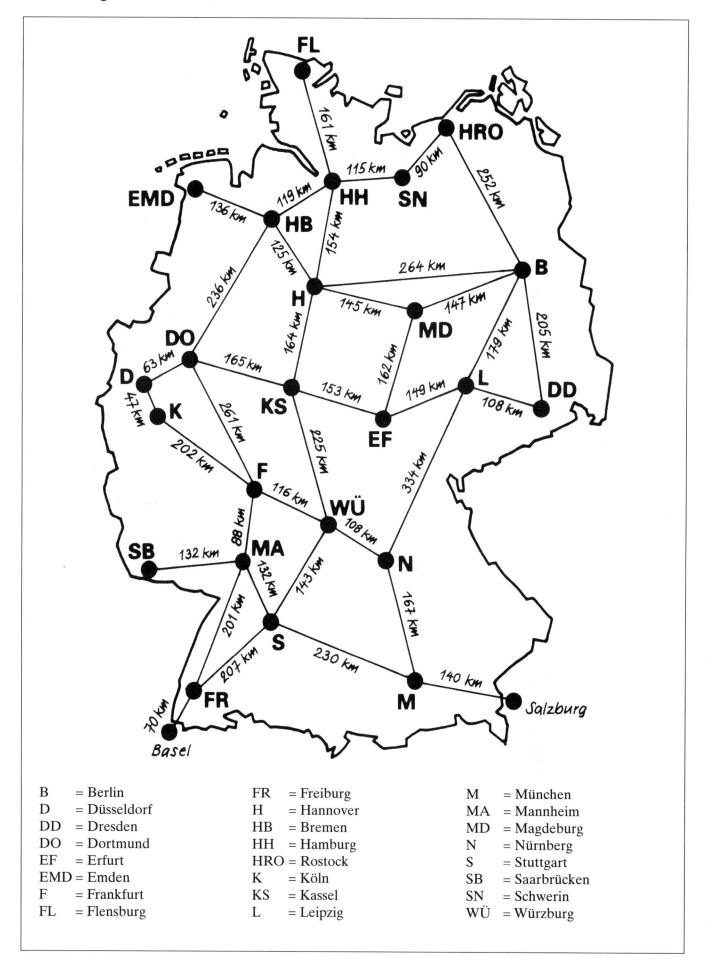

B	= Berlin	FR	= Freiburg
D	= Düsseldorf	H	= Hannover
DD	= Dresden	HB	= Bremen
DO	= Dortmund	HH	= Hamburg
EF	= Erfurt	HRO	= Rostock
EMD	= Emden	K	= Köln
F	= Frankfurt	KS	= Kassel
FL	= Flensburg	L	= Leipzig

M	= München
MA	= Mannheim
MD	= Magdeburg
N	= Nürnberg
S	= Stuttgart
SB	= Saarbrücken
SN	= Schwerin
WÜ	= Würzburg

Fahnen/Flaggen

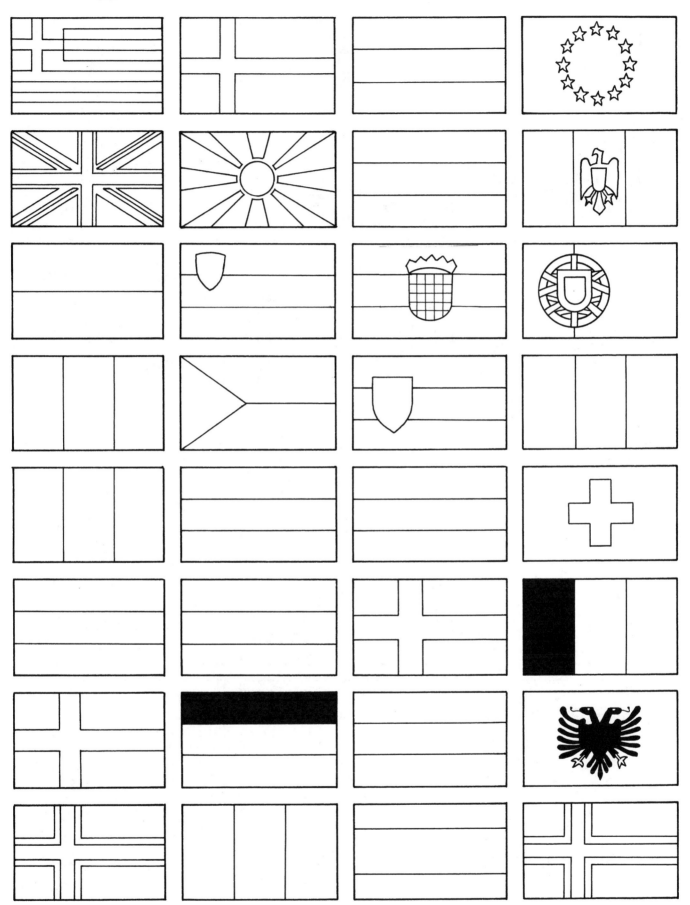

Globus 2 © 1999 Oldenbourg Schulbuchverlag

Sehenswürdigkeiten in Europa

  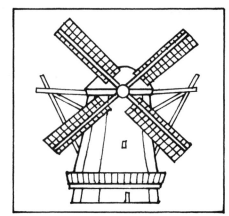

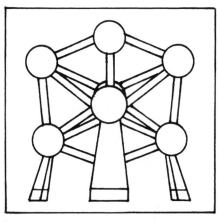  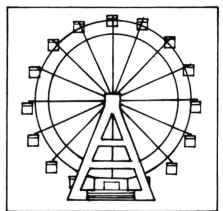

Entfernungsübersicht Straße

	Aachen	Augsburg	Berlin	Bielefeld	Bonn	Bremen	Chemnitz	Dortmund	Dresden	Düsseldorf	Erfurt	Essen	Frankfurt/M.	Frankfurt/O.	Hamburg	Hannover	Karlsruhe	Kassel	Kiel	Köln	Leipzig	Magdeburg	Mannheim	München	Münster	Nürnberg	Rostock	Saarbrücken	Stuttgart	Würzburg	Wuppertal
Aachen	—	562	652	236	80	370	577	137	647	77	436	115	243	699	478	358	343	297	561	62	567	489	293	626	190	489	646	251	408	362	113
Augsburg	562	—	582	511	496	656	380	570	476	545	388	583	341	629	702	552	219	391	798	526	397	498	274	64	616	130	750	363	154	193	564
Berlin	652	582	—	416	621	385	260	527	190	575	324	545	582	104	277	294	692	410	354	590	208	175	649	603	505	452	230	768	662	521	539
Bielefeld	236	511	416	—	205	159	421	111	477	159	280	130	315	463	253	122	437	120	349	174	369	253	382	581	83	435	421	435	486	338	123
Bonn	80	496	621	205	—	345	514	113	583	63	373	101	167	668	453	327	277	266	536	38	503	458	227	560	165	413	621	230	342	286	82
Bremen	370	656	385	159	345	—	430	251	460	299	377	257	451	445	108	104	573	265	191	314	352	236	518	726	180	580	276	575	631	483	263
Chemnitz	577	380	260	421	514	430	—	468	80	521	150	500	408	250	502	326	490	301	579	517	79	203	475	401	494	250	455	594	460	319	485
Dortmund	137	570	527	111	113	251	468	—	538	67	327	32	229	574	359	233	351	167	442	82	458	364	296	607	71	462	527	343	416	335	31
Dresden	647	476	190	477	583	460	80	538	—	591	219	570	477	180	487	356	587	371	563	587	114	233	544	498	564	347	410	663	557	415	555
Düsseldorf	77	545	575	159	63	299	521	67	591	—	380	47	210	622	407	281	326	220	490	28	511	412	271	602	119	456	575	293	391	329	36
Erfurt	436	388	324	280	373	377	150	327	219	380	—	359	267	371	423	273	389	160	518	376	139	171	334	410	353	259	493	453	447	299	344
Essen	115	583	545	130	101	257	500	32	570	47	359	—	248	592	365	251	364	199	447	70	490	383	309	640	77	494	533	331	429	367	46
Frankfurt/M.	243	341	582	315	167	451	408	229	477	210	267	248	—	629	497	347	122	186	593	191	397	434	67	392	275	246	665	186	187	119	229
Frankfurt/O.	699	629	104	463	668	445	250	574	180	622	371	592	629	—	371	341	739	457	448	637	255	222	696	650	552	499	325	815	709	568	586
Hamburg	478	702	277	253	453	108	502	359	487	407	423	365	497	371	—	150	619	311	109	422	423	282	564	772	288	626	168	683	677	529	371
Hannover	358	552	294	122	327	104	326	233	356	281	273	251	347	341	150	—	469	161	246	296	248	132	414	622	211	476	318	533	527	379	245
Karlsruhe	343	219	692	437	277	573	490	351	587	326	389	364	122	739	619	469	—	308	715	307	507	556	55	283	397	240	787	144	65	178	345
Kassel	297	391	410	120	266	265	301	167	371	220	160	199	186	457	311	161	308	—	407	235	291	248	660	461	193	315	479	372	366	218	184
Kiel	561	798	354	349	536	191	579	442	563	490	518	447	593	448	109	246	715	407	—	505	500	377	660	867	371	722	184	779	773	625	454
Köln	62	526	590	174	38	314	517	82	587	28	376	70	191	637	422	296	307	235	505	—	507	427	252	583	134	437	590	268	372	310	51
Leipzig	567	397	208	369	503	352	79	458	114	511	139	490	397	255	423	248	507	291	500	507	—	125	464	418	458	267	377	583	477	336	475
Magdeburg	489	498	175	253	458	236	203	364	233	412	171	383	434	222	282	132	556	248	377	427	125	—	501	520	342	369	326	620	579	466	376
Mannheim	293	274	649	382	227	518	475	296	544	271	334	309	67	696	564	414	55	660	660	252	464	501	—	338	342	227	732	141	120	165	290
München	626	64	603	581	560	726	401	607	498	602	410	640	392	650	772	622	283	461	867	583	418	520	338	—	653	151	772	427	218	273	607
Münster	190	616	505	83	165	180	494	71	564	119	353	77	275	552	288	211	397	193	371	134	458	342	342	653	—	508	456	395	462	381	83
Nürnberg	489	130	452	435	413	580	250	462	347	456	259	494	246	499	626	476	240	315	722	437	267	369	227	151	508	—	621	363	210	127	462
Rostock	646	750	230	421	621	276	455	527	410	575	493	533	665	325	168	318	787	479	184	590	377	326	732	772	456	621	—	851	831	689	539
Saarbrücken	251	363	768	435	230	575	594	343	663	293	453	331	186	815	683	533	144	372	779	268	583	620	141	427	395	363	851	—	209	286	312
Stuttgart	408	154	662	486	342	631	460	416	557	391	447	429	187	709	677	527	65	366	773	372	477	579	120	218	462	210	831	209	—	148	410
Würzburg	362	193	521	338	286	483	319	335	415	329	299	367	119	568	529	379	178	218	625	310	336	466	165	273	381	127	689	286	148	—	335
Wuppertal	113	564	539	123	82	263	485	31	555	36	344	46	229	586	371	245	345	184	454	51	475	376	290	607	83	462	539	312	410	335	—

Globus 2 © 1999 Oldenbourg Schulbuchverlag

Adressen

Belgien
Belgisches Verkehrsamt, Berliner Allee 47,
D-40212 Düsseldorf, Tel.: 02 11/ 32 60 08

Cypern
Fremdenverkehrsamt Cypern, Kaiserstraße 50,
D-60329 Frankfurt, Tel.: 0 69/ 25 19 19

Dänemark
Dänisches Fremdenverkehrsamt, Immermannstraße 66,
D-40210 Düsseldorf, Tel.: 02 11/35 81 03 oder 36 47 70

Finnland
Finnisches Fremdenverkehrsbüro, Georgsplatz 1,
D-20099 Hamburg, Tel.: 0 40/32 24 43

Frankreich
Französisches Fremdenverkehrsamt, Westendstr. 47,
D-60325 Frankfurt, Tel.: 0 69/75 60 83-0,
http://www.franceguide.com/

Griechenland
Griechische Zentrale für Fremdenverkehr, Neue Mainzer
Straße 22, D-60311 Frankfurt, Tel.: 0 69/23 65 61-3

Großbritannien
Britische Zentrale für Fremdenverkehr, Taunusstr. 52–60,
D-60329 Frankfurt, Tel.: 0 69/2 38 07 11, Fax: 0 69/2 38 07 17

Irland
Irische Fremdenverkehrszentrale, Untermainanlage 7
D-60329 Frankfurt, Tel.: 0 69/23 64 92, Fax: 0 69/23 46 26

Italien
Staatliches Italienisches Fremdenverkehrsamt,
Kaiserstraße 65, D-60329 Frankfurt, Tel.: 0 69/23 74 10

Liechtenstein
Liechtensteinische Fremdenverkehrszentrale;
Vertretung c/o Schweizer Verkehrsbüro, Kasernenstr. 12,
D-40213 Düsseldorf, Tel.: 02 11/ 8 09 13

Luxemburg
Luxemburgisches Verkehrsamt, Bismarckstraße 23–27,
D-41061 Mönchengladbach, Tel.: 02 161/20 88 88,
Fax: 0 21 61/27 42 22

Malta
Fremdenverkehrsamt Malta, Schillerstraße 30–40,
D-60313 Frankfurt, Tel.: 0 69/28 58 90

Monaco
Monaco Touristik Information, Rosenstraße 10,
D-40479 Düsseldorf, Tel.: 02 11/49 38 92

Niederlande
Niederländisches Büro für Tourismus, Laurenzplatz 1,
D-50667 Köln, Tel.: 02 21/25 70-3 83, Fax: 02 21/25 70-3 81

Nord-Irland
Nordirisches Fremdenverkehrsamt, Taunusstr. 52–60,
D-60329 Frankfurt, Tel.: 0 69/23 45 04

Norwegen
Norwegisches Fremdenverkehrsamt, Mundsburger
Damm 27, D-22087 Hamburg, Tel.: 0 40/22 71 08 10

Österreich
Österreichische Fremdenverkehrswerbung,
Komödienstraße 1, D-50667 Köln, Tel.: 02 21/23 32 36-38

Polen
Polnisches Informationszentrum für Touristik, Waidmarkt
24, D-50676 Köln, Tel.: 02 21/23 05 45, Fax: 02 21/23 89 90

Portugal
Portugiesisches Touristik Amt, Kaiserstraße 65,
D-60329 Frankfurt, Tel.: 0 69/23 40 97

Rumänien
Rumänisches Touristenamt, Neue Mainzer Straße 1,
D-60311 Frankfurt, Tel.: 0 69/23 69 41-43

Schweden
Next Stop Sweden, Lilienstraße 19, D-20095 Hamburg,
Tel.: 0 40/33 01 85

Schweiz
Schweizer Verkehrsbüro, Kasernenstraße 13,
D-40213 Düsseldorf, Tel.: 02 11/8 09 13-14

Spanien
Spanisches Fremdenverkehrsamt, Graf-Adolf-Straße 81,
D-40210 Düsseldorf, Tel.: 02 11/37 04 67

Tschechoslowakei
CEDCK-Reisen, Kaiserstraße 54, D-60329 Frankfurt,
Tel.: 0 69/23 29 75-77

Türkei
Informationsabt. des Türkischen Generalkonsulats, Baseler Straße 37, D-60329 Frankfurt, Tel.: 0 69/23 30 81

Russland
Intourist-Informationsbüro, Stephanstraße 1,
D-60313 Frankfurt, Tel.: 0 69/28 57 76

Ungarn
Ungarisches Reisebüro, Baseler Straße 46–48, D-60329
Frankfurt, Tel.: 0 69/2 99 88 70